桂林理工大学科研启动基金资助（项目编号：GUTQDJJ2018058）

覃伟芳 ◎ 著

中国对外承包工程的区位分布及其对贸易的影响

经济管理出版社

ECONOMY & MANAGEMENT PUBLISHING HOUSE

图书在版编目（CIP）数据

中国对外承包工程的区位分布及其对贸易的影响 /
覃伟芳著. -- 北京 ：经济管理出版社，2024. -- ISBN
978-7-5096-9911-9

Ⅰ．F752.62

中国国家版本馆 CIP 数据核字第 202490TG74 号

组稿编辑：谢　妙
责任编辑：谢　妙
责任印制：张莉琼
责任校对：蔡晓臻

出版发行：经济管理出版社
　　　　　（北京市海淀区北蜂窝 8 号中雅大厦 A 座 11 层　100038）
网　　址：www. E-mp. com. cn
电　　话：（010）51915602
印　　刷：北京市海淀区唐家岭福利印刷厂
经　　销：新华书店
开　　本：720mm×1000mm/16
印　　张：13.25
字　　数：218 千字
版　　次：2024 年 10 月第 1 版　　2024 年 10 月第 1 次印刷
书　　号：ISBN 978-7-5096-9911-9
定　　价：88.00 元

前　言

　　自 21 世纪初"走出去"战略被提升到国家战略层面以来，中国对外承包工程的规模持续扩大，2022 年新签合同额达到 2530.7 亿美元，完成营业额为 1549.9 亿美元，对外承包工程已经成为对外经济合作、实施"走出去"战略的重要方式。与此同时，国内出现出口贸易加速下滑、出口结构长期得不到优化等问题。基于此，本书以"对外承包工程的投资区位分布、对外承包工程的出口贸易效应"为主线，重点探讨中国对外承包工程投资主要分布在哪些国家，哪些因素影响对外承包工程的投资区位分布，快速增长的对外承包工程对中国的进出口贸易规模有何影响，对外承包工程能否促进国内工业企业的出口扩张，以及对外承包工程对出口商品结构是否存在积极影响。

　　本书系统梳理了现有相关文献，回顾了对外直接投资、对外承包工程、国际贸易相关研究理论成果，在此基础上进一步分析影响机制、提出研究假说并构建相应的实证模型，获得了以下几点结论：

　　（1）利用中国在 148 个国家（地区）对外承包工程的数据实证检验了中国对外承包工程投资区位分布的影响因素，研究结果显示，东道国的经济规模正向影响中国的对外承包工程投资，东道国的经济发展水平与中国的对外承包工程投资负相关，即中国的对外承包工程投资偏向于发展中国家；东道国的自然资源禀赋和人力资源禀赋均与中国对外承包工程投资正相关；东道国的基础设施水平与中国的对外承包工程投资负相关；东道国高水平的经济制度、税收制度、金融融资制度、对外贸易制度、政府廉洁制度有利于吸引中国对外承包工程投资。

　　（2）实证分析了对外承包工程对中国与东道国之间进出口贸易规模的影响，并利用工具变量法讨论了内生性问题。研究结果表明，对外承包工程对中国与东道国之间的出口、进口均有积极影响，通过引致需求效应、成本克服效应及技术溢出效应促进了两国之间的贸易。对外承包工程的完成营业额每增长 1% 可以使中国向东道国的出口额增长 0.176%、从东道国的进口额增长 0.248%。对外承包工程对中国与非 WTO 成员方、亚非拉发展中国家之间的进出口贸易的影响更大。

（3）选取 2002~2006 年的工业企业数据，研究了中国对外承包工程对国内工业企业出口贸易扩张的影响。研究结果显示，中国对外承包工程的完成营业额每增长 1%，国内工业企业的出口额大约增长 0.08%，考虑到中国对外承包工程的完成营业额每年以超过 20% 的速度增长，可见对外承包工程对企业出口的影响还是比较大的。考虑企业、出口目的国和产品类型的固定效应的回归结果均表明，对外承包工程可以促进工业企业的出口扩张。进一步分析发现，对外承包工程对所有制不同的企业、向不同发展水平的国家出口的企业、行业关联度不同的企业的影响也不一样。具体来说，对外承包工程对国有企业的引致需求效应更大，而对民营企业的成本克服效应和逆向技术溢出效应更大；对向发展中国家出口的企业的影响更大，引致需求效应和成本克服效应在发展中国家更为明显，而在发达国家中逆向技术溢出效应更为明显；对上游关联程度高的行业企业出口扩张的影响更大。

（4）分别用时间序列模型和面板数据模型实证检验了对外承包工程对出口商品结构的影响，研究结果表明：①对外承包工程既是出口商品结构优化的格兰杰因，也是产业结构升级的格兰杰因。也就是说，对外承包工程既可以直接促进出口商品结构优化，也可以推进国内产业结构的转型升级，间接优化出口商品结构。②对外承包工程使中等技术产品、高技术产品以及工程类产品的出口弹性较大，使初级产品、低技术产品的出口弹性较小。

（5）对共建"一带一路"国家和地区进行实证对比分析，结果显示，中国在共建"一带一路"国家和地区承包工程的贸易弹性较大，进而笔者提出了在"一带一路"建设背景下以对外承包工程促进出口贸易发展，实现外贸持续稳定增长和出口结构优化升级的政策建议。

覃伟芳

2024 年 4 月

目　录

1 绪论

1.1 研究背景和意义

1.1.1 研究背景

近年来，中国对外承包工程的规模快速增长，2022 年新签合同额达到 2530.7 亿美元，完成营业额为 1549.9 亿美元，同期中国实际利用外资额为 1891.3 亿美元，高于对外非金融类直接投资的 1168.5 亿美元，[①] 对外承包工程已经成为对外经济合作、实施"走出去"战略的一种重要方式。

自 21 世纪初"走出去"战略被提升到国家发展战略层面以来，中国的对外经济发展取得了显著成果，对外承包工程作为"走出去"的一个关键渠道，发展迅猛，业务规模连续多年高速增长。商务部统计数据显示，2001 年中国对外承包工程完成营业额仅为 89 亿美元、合同额为 130.2 亿美元，到 2015 年完成营业额已经增长了 16 倍。其业务范围涵盖建筑、制造加工、电信、石油化工、电力工程、供水、废物处理、交通运输等行业，遍布世界五大洲，涉及大部分国家（地区）。

改革开放之初，中国存在资金缺乏、生产技术水平低下等问题，为了

---

① 资料来源：《中国统计年鉴 2023》。

吸收国外先进生产技术和管理经验提出了"引进来"的发展战略，经过十几年的发展，中国经济走出了发展停滞的困境，走上了快速增长的道路，并在 21 世纪初加入了世界贸易组织（WTO）。面对更加开放的经济环境，为了顺应世界经济的发展潮流，中央政府提出了"走出去"战略，指出要把"引进来"和"走出去"战略相结合，明确实施"走出去"战略，要充分参与国际竞争，利用好"两种资源"来发展新时期的经济。2001 年，"走出去"战略被列入《中华人民共和国国民经济和社会发展第十个五年计划纲要》，之后的中央工作文件也强调要加大力度布局"走出去"，鼓励和支持国内企业积极对外投资，促进国内商品的出口贸易及劳务的输出。中国实施"走出去"发展战略后，经济进一步发展，成为全球第二大经济体、全球货物贸易第一大国，国内经济结构进一步得到优化，资源也在一定程度上实现了更优配置。

当前，积极推进基础设施建设合作和"一带一路"建设是对"走出去"战略的升级和具体深化。"一带一路"倡议的深入推进、基础设施建设及国际产能的合作发展，给中国对外承包工程带来了前所未有的发展机遇，因此，对外承包工程也深刻影响着中国经济增长以及出口贸易的发展。

与此同时，经过几十年发展，中国的对外贸易也取得了极大突破，进出口贸易总额在 2001 年时为 5097.68 亿美元，到 2013 年已经突破 4 万亿美元，成为名副其实的全球货物贸易第一大国。然而，对外贸易也存在一些问题，如出口贸易大而不强、以加工贸易为主、结构比较单一，容易受到外部经济环境的影响。特别是 2008 年全球金融危机爆发，中国的出口贸易受到了严重冲击，至今仍未完全恢复。一方面，主要经济大国的经济增长仍然乏力，国际市场需求不足，贸易保护主义日益严重，针对中国的出口产品制造贸易摩擦，出口贸易的增长速度急速下滑。另一方面，中国自身也存在一些对外贸不利的因素，如人口红利逐渐消失、产业集中在全球分工价值链的中低端等，这些问题使管理层不得不努力寻找外贸新增长点以确保外贸稳增长目标的实现。《对外贸易发展"十二五"规划》正式提出了"稳增长、调结构、促平衡"的外贸发展方针，即积极寻求对外贸易新增长点，巩固贸易大国的地位，确保对外贸易对经济发展的拉动作用。此外，优化贸易结构、提高外贸的质量和效率，加快外贸转型发展也是当前中国发展外贸的重要任务。

这样的背景为本书的研究提供了一个契机。中国对外承包工程主要分布在哪些国家，哪些因素影响了对外承包工程的投资区位分布？快速增长的对外承包工程规模对中国的进出口贸易规模有何影响？对外承包工程能否促进国内工业企业的出口扩张？对外承包工程对出口商品结构是否有积极影响？研究并回答以上问题是本书的主要目标，在此基础上还将探讨以对外承包工程"走出去"促进外贸发展的相关政策，尝试为对外承包工程、对外贸易的发展提供理论和实证支持。

1.1.2 研究意义

1.1.2.1 理论意义

本书的研究拓展了对外投资研究边界，丰富了对外承包工程与国际贸易研究体系。到目前为止，学界对对外投资已经做了比较深入的研究，而对对外承包工程的投资区位分布、对外承包工程对国际贸易规模以及出口商品结构的影响缺乏深入系统的研究，没有基于贸易理论对对外承包工程多方面的影响机制进行深入剖析。笔者将运用相关的国际贸易理论厘清对外承包工程对进出口贸易的作用机制，分析对外承包工程投资区位分布的影响因素、对外承包工程与进出口贸易规模的关系、对外承包工程对企业出口的影响，以及对外承包工程对出口商品结构的影响，力求建立起研究对外承包工程与国际贸易比较完善的理论分析方法。

1.1.2.2 现实意义

首先，研究对外承包工程对进出口贸易规模的影响可以为当前寻找中国贸易新增长点提供现实依据。当前中国面临国外市场长期不振、贸易保护主义抬头、贸易摩擦不断扩大、全球价值链分工重构，以及国内传统的竞争优势丧失、人口红利消退等国内外不利因素，在这样的外贸新情况下，中国急需寻找新的外贸新动力，为"稳增长，保出口"提供强劲后备力量。其次，研究对外承包工程对国内工业企业出口扩张的影响可以为微观企业出口提供全新视角。最后，优化出口商品结构是中国对外贸易进一步增长的内在动力，也是中国对外贸易继续保持强劲发展动力、转变贸易发展方式、由"贸易大国"迈向"贸易强国"的关键所在。研究对外承包工程的发展对中国出口商品结构、产业结构的影响对当前中国稳定出口增长、优化出口结构及进行产业转型发展有着深刻的现实意义。

1.2 相关概念的界定

1.2.1 国际经济合作

国际经济合作（International Economic Cooperation）是指世界上不同国家（地区）政府、国际经济组织和超越国界的自然人与法人为了共同的利益，在生产领域和流通领域以生产要素的国际流动和重新组合配置为主要内容进行的较长期的经济协作活动。

国际经济合作从内容上看，不但包括经济活动，而且包括经济政策的协调（江沿等，2012）。首先，由于各国（地区）在自然条件、经济发展水平以及要素禀赋方面存在差异，需要通过国际经济合作输出自己具有优势或者剩余的生产要素，同时输入自身发展必需而且稀缺的生产要素，从而实现不同国家（地区）之间的生产要素优化配置。其次，不同国家（地区）和国际经济组织应该通过协商、谈判以及建立经济一体化组织等形式对国际经济关系进行联合调解，以实现发展区域经济、世界经济的目标。

国际经济合作涵盖生产领域和流通领域。随着世界经济的发展和技术的进步，国际经济合作的领域越来越广泛，从流通领域开始进入生产领域。因此，当今的国际经济合作既有流通领域或生产领域的合作，也有两者兼有之的新型合作。

从具体的合作内容来看，国际经济合作既有资本、技术、劳动力、管理和信息等生产要素的移动、组合与配置，也有经济政策的协调。因此，根据国际经济合作的概念和当代生产要素在国际移动的种类、特点以及国际经济合作的业务性质可以将国际经济合作的方式分为以下几类：①国际直接投资合作，是指一个国家（地区）引进其他国家（地区）的直接投资和在其他国家（地区）进行的直接投资；②国际间接投资合作，是指两个国家（地区）通过国际信贷投资和国际证券投资两种方式进行投资；③国际科技合作，包括国家和地区之间的有偿技术转让和无偿技术转让；④国际承包工程和劳务合作，包括在境外进行工程承包、技术派遣、劳务合作等方式；⑤国际土地合作，包括对外出售和出租土地、土地有偿定期转让、土地入股、土地合作开发等方式；⑥国际经济信息与经济管理合作；⑦国际经济援助，是指发达国家及其所属机构、国际组织、社会团体以提供资金、物资、设备、技术或资料等方式帮助发展中国家发展经济和提高社会福利的活动；⑧国际经济政策的协调与合作，是指联合国、区域性经济组织、高层会议、国家领导等进行的国际经济协调活动。因此，本书研究的对外承包工程也属于国际经济合作的范畴。

1.2.2 "走出去"战略

"走出去"① 战略是中国政府在 21 世纪初为增强中国经济发展的动力和后劲，促进经济长远发展提出的一项国家发展战略。从狭义上讲，"走出去"战略主要是指中国企业从事的对外投资活动，实质上是将各种要素输出到国外，将生产能力和生产经营网络向国外延伸和布局（卢进勇，2012），包括对外投资办厂、开店，境外加工装配、资源开发，建立境外研发中心、营销网络，以及进行合资合作、跨国并购等。从广义上讲，"走出去"战略是指中国的产品、服务、资本、技术、劳动力、管理以及中国企业本身走向国际市场，到国外去开展竞争与合作，到国外去发展，把国际贸易业务也包括进去了。商务部使用的"走出去"的概念是在其狭义概念的基础上再加上对外承包工程与劳务合作。本书正是在"走出去"战略背景下研究对外承包工程的。

"走出去"战略不同于经常被提到的国际化经营战略、海外经营战略和跨国经营战略等，"走出去"战略是宏观、更高一层的国家发展战略，而国际化经营战略、海外经营战略和跨国经营战略等是微观的、企业经营管理层面的战略。《中华人民共和国国民经济和社会发展第十个五年计划纲要》

---

① 2001 年，"走出去"战略正式被写入了《中华人民共和国国民经济和社会发展第十个五年计划纲要》，标志着"走出去"战略开始步入实施阶段。

中明确提出："鼓励能够发挥我国比较优势的对外投资，扩大国际经济技术合作的领域、途径和方式。继续发展对外承包工程和劳务合作，鼓励有竞争优势的企业开展境外加工贸易，带动产品、服务和技术出口。"由此可见，对外承包工程在"走出去"战略中具有重要地位。

1.2.3 对外承包工程

对外承包工程（Foreign Contracted Projects）也被定义为国际承包工程，角度不同，定义也有所差异，企业、科研单位称其为国际承包工程，而统计部门则习惯称其为对外承包工程。

根据《对外承包工程管理条例》，对外承包工程是指中国的企业或者其他单位承包境外建设工程项目的活动。① 对外承包工程包括但不限于对外承包工程公司以招标议标承包方式承揽的下列业务：①承包国（境）外工程建设项目；②承包我国对外援助项目；③承包我国驻外机构的工程建设项目；④与外国公司合营或联合承包工程项目时我国公司分包部分；⑤对外承包兼营的房屋开发业务。对外承包工程具体包括房屋建筑项目、制造及加工业项目、石油化工项目、电力工业项目、电子通信项目、交通运输项目、供排水项目、环保产业项目、航空航天项目、矿山建设项目、市政项目及其他项目。

对外承包工程不仅是国际经济合作非常重要的形式，也是一般工程承包的延伸，但是由于具有国际性，因此它面对的问题更加复杂。总体而言，对外承包工程具有以下特点：

（1）参与主体的多国性。一般而言，一个工程涉及多个环节，如招投标、咨询、设计、施工、监理监督、安装、工程验收、经营、维护等。工程每一个环节的参与方可能都来自不同的国家，参与方国内的法律制度可能不适用于工程合同和协议，这将使纠纷的解决变得更加困难。

（2）工程周期比较长，环境比较复杂。对外承包工程一般都是规模比

---

① 《对外承包工程、劳务合作和设计咨询业务统计制度》将企业在港澳台地区承揽和实施的各类工程建设项目纳入对外承包工程业务统计范围，但基于要探讨的问题，本书中的对外承包工程主要指中国企业在国外承包工程。

较大、周期比较长的项目。由于参与方彼此之间不熟悉，在谈判、议价以及技术澄清上往往需要花费较多的时间进行沟通交流，以致工程进度缓慢，大型的工程项目从项目合同的签订到项目施工再到项目验收有时可能需要数年甚至数十年之久。对外承包工程面临政治、经济、法律、社会、文化等一系列陌生环境。在海外承包工程会受到国际政治环境的影响（经济制裁、禁运），也有可能遇到东道国内乱、战争的情况，工程进展有可能因此而中断，甚至可能导致合同终止。

（3）结算货币、支付方式的多样性，面临更多的金融风险。对外承包工程款项的结算可能涉及多种货币，合同有可能约定用母国、东道国、第三方货币作为工程设备采购、工程结算的货币，支付的方式也是多样性的，包括现金支付、支票支付，或者银行信用证支付、实物支付等。由于对外承包工程的工期比较长，不同货币之间的汇率变化以及利率波动对工程款项的结算具有一定影响，可见对外承包工程需要面对更为复杂的国际金融环境。

1.3 研究思路和方法

1.3.1 研究思路

本书在明确相关概念的基础上总结和回顾对外承包工程、国际贸易、出口商品结构等方面的研究成果和理论基础。在进行实证分析之前，笔者全面系统地总结和概述了对外承包工程、进出口贸易、出口商品结构的发展趋势和特点，得出初步的经验分析结论，为后文实证研究打下经验基础。本书的重点部分为实证回归分析，可以分为四大模块：其一，研究分析对外承包工程投资区位分布的影响因素。首先分析对外承包工程的洲际和国别分布特征，其次进行对外承包工程投资区位分布影响因素的理论分析，最后构建实证模型并利用相关数据对影响对外承包工程投资的因素进行实证研究。其二，实证分析对外承包工程对进出口贸易规模的影响，在详细分析对外承包工程对进出口贸易规模的影响机制的基础上利用100多个国家的数据进行实证检验。其三，分析对外承包工程对工业企业出口的影响机制，匹配海关数据库的数据、中国工业企业数据库的数据以及对外承包工程的国别数据进行实证分析。其四，对外承包工程对出口商品结构的影响的实证分析，分析中国出口商品结构的变化情况，然后对对外承包工程与出口商品结构的关系进行回归分析。在实证分析的基础上，本书结合当前国家推进的"一带一路"倡议，探讨"一带一路"建设背景下对外承包工程"走出去"带动出口贸易的政策，以期得到指导中国推进"走出去"战略、"一带一路"倡议、"稳出口"以及贸易转型升级发展的有益结论。

1.3.2 研究方法

本书注重理论基础分析、影响机制推导，同时进行了实证分析，采用了定性研究、定量分析、系统理论探讨、重点模块分析、经济学计量、政策分析等研究方法。

（1）定性研究与定量分析相结合。首先用定性的研究方法分析对外承包工程对进出口贸易规模的影响机制，以及对外承包工程与出口商品结构的关系。其次通过构建模型，对定性分析的结果进行定量分析。

（2）比较分析与实证分析并用。中国对外承包工程发展现状的研究运用了比较分析的方法。研究对外承包工程的投资区位分布、对外承包工程对进出口贸易规模的影响、对外承包工程对工业企业出口扩张的影响、对外承包工程对出口商品结构的影响较多使用实证分析的方法。

（3）政策研究。在中国对外承包工程"走出去"促进出口贸易增长、实现贸易转型的路径研究中采用政策研究的方法。在"一带一路"倡议框架下探讨加强交通合作，实现道路互联互通；深化金融合作，保障融资功能；深入推进国际产能合作，坚持合作共赢；进行国际工程合作，加深贸易往来的发展政策，进一步落实利用对外承包工程拉动出口贸易增长和出口结构转型升级的政策。

1.4 研究内容与结构安排

1.4.1 研究内容

针对前文提出的问题，本书将分别从对外承包工程的投资区位分布、对外承包工程对进出口贸易规模的影响、对外承包工程与工业企业出口扩张、对外承包工程对出口商品结构的影响四个方面进行研究，在此基础上探讨以工程承包输出促进外贸发展的政策。

（1）对外承包工程的投资区位分布研究。基于资本跨界流动理论分析，根据对外承包工程投资的区位分布主要受东道国市场因素、资源要素、制度因素、基础设施因素影响的理论结果，建立实证模型，并利用 148 个样本国家的数据实证检验中国对外承包工程投资区位分布的影响因素。

（2）对外承包工程对进出口贸易规模的影响研究。从引致需求效应、成本克服效应以及技术溢出效应等几个方面分析对外工程承包对进出口贸易规模的影响机制。在此基础上，构建国家宏观层面的实证模型，选取中国对外承包工程业务所在的 115 个国家，收集其从 2002~2014 年的相关数据，实证分析对外承包工程对中国与东道国进出口贸易规模的影响。

（3）对外承包工程与工业企业出口扩张研究。基于中国海关数据库与中国工业企业数据库，匹配企业出口—出口目的地+对外承包工程—工程东道国的数据，从微观企业层面进行研究，分析对外承包工程对工业企业出口扩张的影响。

（4）对外承包工程对出口商品结构的影响研究。首先分析对外承包工程对出口商品结构的影响机制；其次构建中国出口商品结构变动指标并分析出口商品结构演进趋势；最后利用时间序列模型检验对外承包工程对出口商品结构优化是否存在因果关系以及利用面板数据模型检验对外承包工程对出口商品结构的影响。

（5）政策建议。阐述"一带一路"倡议对中国对外承包工程"走出去"，实现以工程促进外贸增长和加快外贸转型升级的重要意义。选取部分国家进行实证对比分析，探讨"一带一路"倡议给中国外贸发展带来的新机遇以及在"一带一路"建设背景下对外承包工程促外贸发展的相关政策。

1.4.2 结构安排

本书的研究框架如图 1-1 所示。

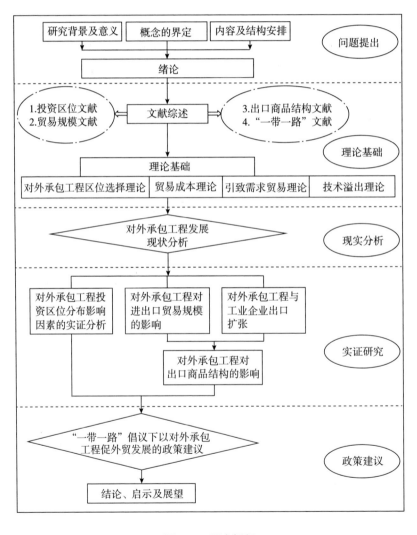

图 1-1 研究框架

第1章：绪论。本章首先阐述选题背景和意义，定义相关概念，说明本书的研究思路和方法；其次列出研究内容和结构安排；最后阐明本书的创新点和不足之处。

第2章：理论基础和文献综述。本章详细分析了对外承包工程与国际贸易的理论基础，并从对外承包工程投资的区位分布、对外承包工程与贸易规模、对外承包工程与出口商品结构、对外承包工程与"一带一路"建设方面对相关研究文献进行综述，简要评述现有相关文献。

第3章：对外承包工程发展现状。本章首先考察国际工程承包的概况，分别从总体规模、业务区域分布、行业分布的角度进行分析。其次描述了近年来中国对外承包工程的营业额规模，对外承包工程的业务分布区域和主要行业领域，入选 ENR 全球最大 225/250 家国际承包商的中国经营现状，以及各省份的对外承包工程企业分布情况。

第4章：中国对外承包工程的投资区位分布。本章主要研究中国对外承包工程投资区位分布的影响因素，首先分析对外承包工程的洲际和地区分布特征，其次进行对外承包工程投资区位分布影响因素的理论分析，最后构建实证模型并利用相关数据对影响对外承包工程投资分布的因素进行实证回归。

第5章：对外承包工程对进出口贸易规模的影响。本章从引致需求效应、成本克服效应以及技术溢出效应三个方面分析了对外工程承包对进出口贸易的影响机制，在此基础上，选取中国对外承包工程的国家样本，收集相关数据，实证分析对外承包工程对中国与东道国进出口贸易规模的影响。

第6章：对外承包工程与工业企业出口扩张。本章首先分析对外承包工程对企业出口贸易的影响机制，并提出相关的研究假说；其次利用中国海关数据库与中国工业企业数据库，匹配企业出口—出口目的地+对外承包工程—工程东道国的数据，进一步从微观企业层面进行研究。

第7章：对外承包工程对出口商品结构的影响。本章首先介绍了出口商品结构的相关研究及其发展趋势，其次分析了对外承包工程对国内出口商品结构的影响机制，最后分别利用时间序列和面板模型实证检验了对外承包工程对国内出口商品结构的影响。

第 8 章：以对外承包工程"走出去"战略促外贸发展。本章利用共建"一带一路"国家和地区的数据做实证对比分析，探讨"一带一路"倡议给中国外贸发展带来的新机遇以及以对外承包工程促进外贸发展的相关政策。

第 9 章：主要结论、政策启示与未来展望。总结全书研究的主要结论，并基于研究结论结合中国外贸发展状况给出政策建议。

1.5 创新点与不足之处

1.5.1 创新点

本书借鉴现有相关文献和理论，深入探讨了对外承包工程投资区位分布的影响因素、对外承包工程与进出口贸易规模的关系、对外承包工程对工业企业出口扩张的影响、对外承包工程与出口商品结构的关系，研究分析了"一带一路"建设背景下以工程承包输出促进外贸发展的政策，与现有文献相比，本书主要在三个方面做了积极探索。

（1）研究视角上的创新尝试。到目前为止，学者对对外直接投资的研究比较深入，而对对外承包工程、对外承包工程对国际贸易规模以及出口商品结构的影响缺乏深入系统的研究，鲜有基于贸易理论对对外承包工程多方面的影响机制进行剖析。笔者将运用相关的国际贸易理论阐明对外承包工程对进出口贸易规模的影响机制，分析对外承包工程与国内进出口贸易规模的关系，探讨对外承包工程对出口商品结构的影响，力求对对外承包工程与国际贸易进行系统的研究。另外，从对外承包工程角度系统研究投资区位分布以及贸易效应，这是对现有对外投资研究的拓展。

（2）从微观企业视角探讨对外承包工程对工业企业出口扩张的影响。基于微观企业层面展开研究是当前学术界研究国际贸易的前沿方法，本书将对外承包工程按东道国与企业出口目的国在同一纬度上进行匹配，把按国别统计的对外承包工程数据纳入微观企业出口扩张的研究，充实了本领域的研究。

（3）积极探讨以对外承包工程发展促进出口贸易的现实政策。当前中国对外贸易呈现低增长的态势，急需寻找新的外贸新动力，为"稳增长，保出口"提供强劲后备力量。同时，优化出口商品结构是中国对外贸易连续增长的内在动力，也是中国对外贸易继续保持强劲发展动力、实现贸易发展方式转变、由"贸易大国"迈向"贸易强国"的关键所在。研究对外承包工程对中国出口商品结构、产业结构的影响对当前中国保持出口稳定增长、优化出口结构及产业转型升级发展有重要的现实意义，本书在实证的基础上提出相应的发展政策也是一大尝试。

1.5.2　不足之处

当然本书也存在一些局限：一方面，由于笔者的水平有限，理论模型分析可能不够全面，实证分析的变量选择不尽合理。另一方面，政策研究未能进一步细化。本书是基于宏观产业视角展开讨论的，未针对微观企业的出口提出更细致的政策建议。

2 理论基础和文献综述

2.1 相关理论基础

对外承包工程是资金、技术、管理以及劳务等方面的交易合作，与对外直接投资、科技合作、信息与管理合作、发展援助等国际经济合作方式既有联系又有明显的区别。首先，对外承包工程与对外直接投资类似，都涉及资金的投资，根据工程承包方式的不同，承包工程企业可能为东道国提供工程所需的资金、垫付工程承建材料等款项，甚至提供工程所有承建费用，建成后依靠后续提供收费服务来回收资金等。但是，对外承包工程的项目产权并不属于承包单位，这与对外直接投资有根本的区别。其次，对外承包工程改变了东道国经济发展的硬件及软件环境。例如，承包东道国公路、铁路、机场、港口码头等基础设施的修建工程，可大幅改善东道国的经济硬件环境；承包通信、网络等工程项目，对改善东道国的信息、通信等软件环境有很大的作用。对外承包工程对东道国硬件、软件环境的直接改善是其他国际经济合作方式所不能实现的。再次，对外承包工程既是一种工程建设活动，也是对当地资源进行开发的活动，对当地的经济发展、人民收入有积极影响，特别对资源丰富而自身没有资源开发能力的国家更是如此。例如，自然资源丰富的非洲国家长期以来因生产力水平低下得不到发展，其不具备资源的开发技术，没有能力进行资源开发工程建设，与国际承包商进行工程承包合作后，其能够依靠他国的技术开展资源开发工程建设，从而提升资源开发能力，提高自身的经济发展水平。最后，对外承包工程虽然不具有国家科技合作有偿转让技术和无偿转让技术的目的，但是工程承包商在与东道国等其他工程参与方的合作过程中存在技术交流、人员互动、先进管理经验的借鉴等活动。因此，承包工程的母国与东道国之间存在技术溢出效应，母国到东道国的技术溢出会提高东道国的技术水平，提升东道国企业的生产率；反过来，东道国向母国的逆向技术溢出，也会使母国的技术水平得到提高，提升母国企业的生产率。

对外承包工程对母国与东道国之间的贸易影响是比较复杂的，但是，通过对比对外承包工程与其他国家经济合作方式，我们能清晰地看到它对两国经济的影响，可以把对外承包工程对两国双边贸易的影响概括为贸易成本克服效应、引致需求贸易效应以及技术溢出效应，以下分别从这三个方面进行详细的理论阐述。

2.1.1 贸易成本理论

国际贸易一直受到贸易成本的影响，可惜，传统的贸易理论模型几乎不考虑贸易成本（Behrens et al.，2007）。近年来，学者开始探讨贸易成本对国际贸易的影响，并做了大量的研究。Baier 和 Bergstrand（2001）研究证明将近1/4的双边贸易增长是由于关税成本的下降，另有8%的贸易增长是由于运输成本的下降。Anderson 和 Van Wincoop（2004）研究认为两国的双边贸易额是由冰山贸易成本和多边贸易成本共同决定的。

一直以来，传统贸易理论都把贸易成本看成是一个内生决策，是由一个国家的贸易政策决定的，因此，该理论对贸易成本仅以关税的形式进行研究；属于运输成本部分的贸易成本，也由于数据的难以获得而没有被纳入研究模型中。另外，传统贸易理论模型建立在完全竞争的假设上，由于贸易成本对每一个参与贸易的主体都是不一样的，因此贸易成本是难以纳入传统完全竞争的贸易模型中的。甚至有一些传统贸易理论学者认为，即便考虑贸易成本，对研究结果也不会产生太大影响。当出现不完全竞争经济理论模型后，学者开始尝试把贸易成本纳入一个单一参数的模型中，如由 Samuelson（1954）构建的冰山贸易成本，就是学者开始对贸易成本进行模型化的一个尝试，他假设贸易成本的构成对所有的贸易结构以及贸易区位的影响没有任何区别，用一个参数 τ 囊括了所有的贸易成本。

贸易成本的大小关乎一个国家的国际竞争力，随着国际贸易理论的发展，学者把贸易成本概念纳入相关的理论研究中，从新贸易理论、新经济地理理论到新新贸易理论，都非常重视贸易成本这个概念，并把贸易成本嵌入到模型中。大多数学者开始用引力模型来研究贸易成本，传统的引力模型形式如下：

$$X_{ij} = \beta_1 \times Y_i + \beta_2 \times Y_j + \sum_1^n \delta_N \ln(Z_{ij})^N + \varepsilon_{ij} \tag{2-1}$$

其中，X_{ij} 表示 i 国出口到 j 国的贸易量；Y_i、Y_j 分别表示 i 国和 j 国的经济总量，通常用该国的 GDP 总量表示；Z_{ij} 表示与贸易成本有关的一组变量，如两国距离、语言和文化差异以及两国是否有共同边界等；ε_{ij} 为随机误差项。从式（2-1）中可以得知，两国的贸易量不仅与它们的经济总量有关，而且与它们之间的贸易成本有很大关系。但是，传统的引力模型存在两个明显的缺陷：其一，缺少微观理论基础支撑，并可能由此遗漏重要的变量而导致估计结果存在偏差；其二，它没有考虑多国多边贸易阻力的影响，而是假定两国的贸易成本是既定的，事实上如果一个国家或者地区与另一个国家（地区）以外的其他国家（地区）贸易阻力很大，这对两方原有的贸易发展是非常有利的。例如，当前朝鲜仅和少数国家保持贸易关系，与世界上大部分国家都没有贸易关系，那么就有利于少数国家发展和朝鲜的贸易关系。

于是，学者们考虑推导发展出具有微观基础的引力模型。Anderson 和 Van Wincoop（2004）综合考虑多边贸易的情形，假设每一种商品由一个国家专业生产，并且供给量既定，构建的多边贸易模型考虑了多边贸易阻力，但是两个国家（地区）之间的贸易成本仍然是决定双边贸易的主要因素。

Anderson 和 Van Wincoop（2004）在研究贸易成本对贸易总额的影响时深入探讨了贸易成本的形式，他们认为贸易成本的形式大致如式（2-2）所示，对于其中 z_{ij} 具体的函数形式，他们没有规定。

$$\tau_{ij} = \prod_{m=1}^m (z_{ij}^m)^{\gamma_m} \tag{2-2}$$

Bouet 等（2008）假定贸易成本与基础设施和两国距离负相关，并且给出了一个简单的关于基础设施和距离的贸易成本函数。这些简单的贸易成本函数有助于我们分析对外承包工程的成本克服效应，理解对外承包工程对两国双边贸易的影响。

2.1.2　引致需求贸易理论

2.1.2.1　边际产业扩张理论的扩展

20 世纪中期，西方发达国家的对外直接投资进入快速发展时期，学者也对对外直接投资和国际贸易的关系给予了极大的关注。Mundell（1957）研究证明了国际投资与国际贸易具有完全的替代关系。在此之后很长的一段时间里，Mundell 的国际投资与国际贸易完全替代的观点在西方发达国家对国际投资的研究中占据了重要位置。日本经济经过战后的恢复期，在 20 世纪 60 年代逐渐进入高速发展时期，日本在国际上的地位也越来越高，在国际投资中与欧洲、北美形成了"大三角"的格局。学者开始重视研究日本的对外投资，最为著名的当属日本的小岛清教授，他发展了前人的研究理论，1978 年在代表作《对外直接投资》一书中系统地阐述了对外直接投资理论，创造性地提出了边际产业扩张理论。小岛清认为，对外直接投资应该从本国已经处于或即将处于比较劣势的产业，即边际产业开始，并依次进行。边际产业扩张理论是基于日本对外投资的实际情况提出的国际投资理论，边际产业扩张不仅可以促进母国对外贸易的发展，也可以促进东道国根据自身的要素密集程度来调整产业发展的策略，形成双方优势互补的格局。边际产业扩张理论认为国际投资对国际贸易具有创造效应，可增加双边的贸易总量。

对外承包工程并不属于对外直接投资的范畴，但是，对外承包工程与出口贸易的关系可以借鉴边际产业扩张理论进行阐述。小岛清在研究日本对外直接投资时发现，跨国公司在海外投资建厂，工厂的设备以及生产所需的中间品往往从母国进口，也就是说对外直接投资增加了母国的出口贸易，即对外直接投资具有贸易创造效应。与此相似，对外承包工程公司在海外进行施工建设所需要的建材、机器设备、零部件等物资也大多来自母国，从而增加了母国的出口贸易，这与边际产业扩张理论提出的贸易创造效应一致。

2.1.2.2　对外承包工程与东道国引致需求贸易

工程承包企业在海外承建工程从自身角度来讲可能是一种资本逐利行为，或者是国家层面的意志，但对于东道国而言，工程承包商也充当了"建设者""开发者"（何宪开，1988），对外承包工程实际上对于东道国的经济发展、当地自然资源的开发起到了重要作用。Pettersson 和 Johansson（2013）认为对外承包工程可以提高当地的资源开发能力，使东道国逐步脱离贫困局面，改善其居民收入状况，从而增加东道国的贸易进口，其中从母国进口贸易额的增加最为明显。Mina（2007）研究国际工程投资决定因素时发现东道国的自然资源禀赋是工程承包企业考虑是否投资的一个重要影响因素，他认为不能简单地将工程承包企业在自然资源丰富的国家承包工程解读为母国为了获取东道国的资源，实际上双方是共赢的，母国在工程承包合作中获得了需要的资源，而东道国的资源也得到了有效开发，极大地促进了其经济的发展。

以上讨论的边际产业扩张理论以及先前学者研究获得的对外承包工程对东道国的经济发展、居民收入具有积极影响的结论，构成了本书研究的引致需求贸易理论基础。

2.1.3　技术溢出理论

技术的跨国溢出、转移一直都存在，随着信息传播技术的提高、人员往来和经贸关系的日益密切，大量的技术创新成果越来越快地在全球范围内转移和扩散。然而，从 20 世纪 60 年代开始，学者才真正对技术转移溢出进行研究。Posner（1961）开创了研究国际技术溢出的先河。Grossman 和 Helpman（1991）发现国际贸易和国际技术交流是技术由发达国家向发展中国家转移溢出的主要途径。基于 Rivera-Batiz（1991）的研究思想，Keller（2004）将技术转移溢出分为积极的技术溢出和消极的技术溢出，把发展中国家主动地向发达国家学习先进技术以及通过各种途径引进新技术发生的技术溢出称为积极的技术溢出；把通过国际贸易、对外直接投资等方式而产生的物化技术溢出称为消极的技术溢出。之后很多学者通过研究证明支持了技术可以通过各种途径发生跨国的转移、溢出，如 Coe 和 Helpman（1995）、Eaton 和 Kortum（1997）。

技术溢出可以提升技术水平较低的国家的技术水平，不少学者已经基于对外直接投资研究了逆向技术溢出对母国技术进步的作用。Wesson（2009）构建了两个国家只有两个寡头厂商的古诺模型，研究了无技术优势的发展中国家的厂商对发达国家的优势企业进行投资的行为，研究得出结论：发展中国家对外直接投资获得技术上的溢出收益，对提升母国国内企业的技术水平有明显的效果。Fosfuri 等（2001）构建了更为严谨的研究模型，认为技术落后的企业可以通过对外直接投资获得东道国先进的技术，这可以帮助发展中国家的企业提高生产率，实现技术升级。赵伟等（2006）详细分析了对外直接投资的逆向技术溢出对母国技术进步的作用机制，把这些作用机制归纳为吸纳机制、反馈机制、成本分摊机制、并购机制等，认为对外直接投资的逆向技术溢出通过这些机制促进母国的技术进步和生产率的提高。

对外承包工程在工程项目的建设合作中发生逆向技术溢出。工程承包企业在高新技术集聚的国家承建工程项目，可通过学习、模仿、人员交流、人才流动等方式获得东道国的先进技术。对外承包工程企业通过示范效应和竞争机制可将先进技术向国内企业转移溢出，再在上下游关联企业的学习示范以及市场竞争机制的作用下实现国内产业间的技术溢出（尹东东和张建清，2016），进而实现母国整体技术水平的提升。企业技术生产率的国际贸易决定理论在 Melitz（2003）中得到了系统的分析，其构建了一个垄断竞争的异质企业一般均衡动态理论模型，认为为了使进入国际市场而花费的"额外"成本得到补偿，出口企业的生产率必须高于出口"生产率门槛"，低于这个生产率门槛的企业只能退出出口市场，由此可见对外承包工程通过逆向技术溢出可以影响国内企业的出口能力。

2.2 国内外相关研究综述

随着中国对外承包工程规模的不断增长，学者对这个研究课题的关注度也越来越高，但是研究对外承包工程与国际贸易关系的文献并不多，而研究对外投资、对外贸易规模、出口商品结构等相关问题的文献很多。本部分分别从贸易成本与出口贸易、引致需求、技术溢出贸易效应对外投资区位选择、贸易规模、出口商品结构等角度对国内外相关研究进行介绍。

2.2.1 贸易成本与出口贸易研究

贸易成本是影响出口贸易的因素之一，学者对贸易成本、贸易规模以及贸易二元边际扩张的影响研究是本领域的研究重点。国外学者从贸易成本分类开始这方面的研究，Hummels（1999）把贸易成本分为可测量的贸易成本、可以用代理变量表示的贸易成本和难以测算的隐含成本，其中前两种贸易成本已经涵盖了地理等障碍因素，这些因素对贸易规模有阻碍作用。Baier 和 Bergstrand（2001）在一般均衡模型框架下研究发现运输成本对国际贸易的影响很大。Disdier 和 Head（2008）发现距离对贸易成本有显著影响。Hummels（2001）、Djankov 等（2010）从时间维度分析贸易成本的影响，基于时间的长短来度量贸易成本，指出时间越长贸易的可能性越小。Fink 等（2005）研究了国际通信成本对出口贸易的影响，发现通信成本也是影响贸易的关键因素。Santos-Paulino 和 Thirlwall（2004）研究了自贸区取消关税壁垒、降低贸易成本对出口贸易的影响，发现签订贸易协定以及建立自贸区可以使贸易成本有效下降，促进贸易的发展。

国内学者对贸易成本与出口贸易的研究大多运用实证的方法。黄玖立和徐旻鸿（2012）认为距离是贸易成本的关键影响因素，距离越远贸易成本就越高，但是随着新的运输方式的出现，运输成本有所下降。他们研究了国内的运输方式对出口贸易的影响，结果显示随着国内交通运输便利化程度的提高，运输成本对出口贸易的影响逐渐变小。朱润东和吴柏林（2010）研究了关税成本对出口贸易的影响，发现签订贸易协定以及建立自贸区可以使贸易成本有效下降，促进贸易的发展。刘生龙和胡鞍钢（2011）研究了交通基础设施以及交易时间所产生的贸易成本对贸易的影响，结果表明运输成本对贸易的增长影响很大。另外，钱学锋（2008）、钱学锋和熊平（2010）、盛丹等（2011）在异质性贸易理论框架下分析了贸易成本对企业出口扩张的二元边际影响。

2.2.2 引致需求（贸易创造）相关研究

与引致需求（贸易创造）相关的研究主要是分析某种途径对出口贸易产生的贸易创造效应，如对外直接投资的贸易创造效应。Gray（1998）研究了对外直接投资与出口贸易的关系，认为对外直接投资与国际贸易到底是替代关系还是互补关系依赖于考察时间的长短，对外直接投资会带动相关产品的出口，因此，短期来看对外直接投资具有贸易创造效应，促进出口贸易的增长。Amiti 等（2003）对对外投资的类型进行详细分类，其中寻找战略资源的投资对出口贸易的拉动作用最大。Lim 和 Moon（2001）研究了对外直接投资对出口贸易的影响，认为对外直接投资会产生引致需求贸易效应，并且这与东道国的收入水平有关，发展中国家的收入水平比较低，对外直接投资通过改变当地的经济状况可以产生较大的引致需求贸易效应。还有一些学者研究了其他途径产生的引致需求贸易，如 Girma 等（2002）研究了移民的输出对英国出口贸易的影响，认为输出的移民对祖国的产品有特殊偏好，因而移民可以产生引致需求贸易；Murat 和 Pistoresi（2009）研究了意大利的移民网络对双边贸易流量的影响，结果表明海外移民对意大利本国的产品有偏好需求，因此海外移民对国内出口贸易有积极影响。Gould（1994）、Wagner 等（2002）都曾做过相关的研究。

国内学者也做了不少关于引致需求贸易的研究。王迎新是国内较早研究对外直接投资对出口贸易影响的学者，他把对外直接投资分为服务类、资源类和生产加工类三种类型，其中第一种类型的投资对出口贸易扩张的影响最大，而第二种类型的投资则能增加进口贸易。陈立敏等（2010）研究了 2004~2008 年我国对外直接投资对出口贸易的影响，结果表明对外直接投资明显促进了出口贸易的增长。国内也有一些学者研究发现了海外华人网络产生的引致需求贸易效应，如赵永亮（2012）研究发现海外的华人移民网络通过消费偏好产生引致需求贸易效应，而且这种效应在亚洲和北美更为明显；蒙英华和李艳丽（2015）研究了移民网络对文化产品的引致需求贸易效应，研究表明华人网络大大增加了文化产品的出口概率。

关于经济合作、对外承包工程的引致需求贸易效应也有一些研究。张旭华（2012）研究了中国"走出去"是否产生贸易创造效应，结果显示对外承包工程通过工程物资的输出和产业联动效应产生引致需求贸易效应，促进出口贸易。邢厚媛（1999）分析了对外承包工程对机电产品的出口贸易创造效应。许晓娟和高敏雪（2013）研究认为对外承包工程直接带动部分货物的出口，产生贸易创造效应。

2.2.3　技术溢出贸易效应相关研究

关于技术溢出的研究，学者主要着眼于技术溢出对母国、东道国技术进步的影响，重点研究国际贸易、对外直接投资这两种溢出途径。Girma等（2001）研究了日本及其他国家对英国的直接投资，发现英国电子产业技术水平的提高得益于从投资国家吸收先进技术，然而美国对英国的投资却没有产生类似的效果。Kinoshita（2000）利用微观企业层面的数据研究了外国投资对捷克国内技术的影响，发现外国的投资并没有对本国的技术进步产生显著影响。Branstetter（2001）将专利的使用作为研究指标，发现美国对日本的投资与日本的专利利用正相关，反过来，日本对美国的投资也有类似的特点。

很多学者更关心对外直接投资的逆向技术溢出效应。Xu 和 Wang（2000）利用 OECD 成员方的数据研究了对外直接投资是否对母国产生逆向技术溢出，结果显示对外直接投资确实可以提升母国的技术水平。Globerman 等（2000）把专利的利用程度作为衡量技术进步的指标，研究了瑞典对外直接投资对国内技术进步的影响，发现对外直接投资明显提升了国内专利的利用水平。Kogut 和 Chang（1991）研究了日本对美国的投资分布，结果发现日本企业更喜欢投资美国 R&D 投入比较密集的产业，通过逆向技术溢出获得美国的先进技术。Vahter 和 Masso（2006）研究发现爱沙尼亚企业对外直接投资的增加可以促进国内企业全要素生产率的提高。Pradhan 和 Singh（2009）研究了印度汽车产业的对外直接投资，发现印度汽车产业对外直接投资的逆向技术溢出效应非常显著。Belderbos（2003）研究了近 500 家日本企业的对外投资情况，分析了不同投资动机的对外投资对母国的技术溢出影响。

国内学者对技术溢出的研究也是主要关注对外直接投资的逆向技术溢

出。周春应（2009）利用我国 1991~2007 年的数据研究对外直接投资的逆向溢出效应，结果表明 R&D 人员和科技活动人员等高技术人才、经济开放度、高技术产业发展状况、基础设施水平是影响中国对外直接投资逆向技术溢出的重要因素。朱彤和崔昊（2011）基于现有国际投资理论构建了对外直接投资对母国技术逆向溢出模型，并利用 OECD 成员方的数据进行了实证检验。李梅和柳士昌（2012）利用广义矩估计方法研究了我国对外直接投资的逆向技术溢出效应，发现不同地区之间存在一定差距，其中东部的逆向技术溢出效应最为明显。付海燕（2014）选择了 10 个发展中国家的数据，研究对外直接投资的逆向技术溢出效应，结果表明中国和印度的逆向技术溢出效应比较显著，其他国家的溢出效果则不明显。国内关于对外直接投资逆向技术溢出对出口贸易的影响的文献比较少，少数学者研究了对外直接投资的逆向技术溢出对出口产品复杂度的影响，如杨连星和刘晓光（2016）、尹华和朱绿乐（2008）。

2.2.4 对外承包工程投资区位分布的关联性研究

学者们对对外直接投资的区位选择进行了系统的研究，但是鲜有学者研究对外承包工程的投资区位分布，因此，笔者首先从对外直接投资的关联视角回顾相关领域的研究，其次对对外承包工程投资区位分布的研究进行介绍。

2.2.4.1 市场寻找与对外直接投资

Kojima（1978）研究了企业为什么选择对外直接投资，他发现可以把投资动机分为寻找资源、寻找市场和寻找生产要素三种类型。Buckley 等（2007）研究认为市场规模大的国家可以获得规模经济的收益，规模较大的市场可以有效降低交易成本，因此，经济增长快的国家比经济增长慢的国家的投资回报率要高。Erdal 和 Tatoglu（2002）研究发现东道国的市场吸引力是母国企业投资扩张的动力来源。Hong 和 Sun（2006）研究表明中国的对外投资企业具有很强的市场进攻特性，因此，寻求市场是中国企业对外投资的最大动力。Kolstad 和 Wiig（2012）利用中国投资的 142 个国家的数据进行实证检验，研究表明中国的对外直接投资具有明显的市场寻求特征，对发达国家的投资更为明显。国内学者对对外投资的区位选择也做了相关研究，如陈岩等（2012）采用2003~2009年中国对外投资的数据进行实证研究，发现中国的企业更喜欢把资本投向市场规模大的国家。鲁明泓（1997）、王新（1999）、许罗丹和谭卫红（2003）利用时间序列数据模型实证检验了市场规模对外商投资的作用。国内还有其他学者利用面板数据模型研究了市场规模对外商投资的影响，如殷华方和鲁明泓（2004）、田素华和杨烨超（2012）、何兴强和王利霞（2008）、杨海生等（2010）。

2.2.4.2　资源要素与对外直接投资

Dunning（1998）系统研究了跨国企业的对外直接投资动机，总结了企业对外直接投资的四大动因，指出资源要素导向性是企业对外直接投资的一大特点。之后，越来越多的学者做了相关的研究，Buckley等（2007）研究了中国对新兴国家的直接投资，发现东道国廉价的劳动力是吸引中国投资的一大原因，可见，劳动力要素也是影响对外直接投资走向的重要因素。Ramasamy等（2012）研究认为中国多年持续高速的发展需要有充足的自然资源做保障，可以通过对外直接投资的方式获取发展所需要的自然资源，Morck等（2008）实证研究了自然资源对中国对外直接投资的影响，研究结果表明东道国的自然资源越丰富越有利于吸引中国的投资。但是，也有学者反对自然资源导向的对外投资观点，如Cheung和Qian（2009）就明确反对这一观点，认为中国的对外直接投资并不是完全为了寻找自然资源。Wang等（2012）则利用实证检验的方法研究了新兴发展国家资源导向型的对外直接投资行为，发现适用于发达国家的对外投资理论，并不能对其进行很好的解释。除了对自然资源、劳动要素的追逐，很多学者认为企业的对外直接投资是因为青睐于东道国的领先科技、先进的管理模式、品牌价值等战略资源。企业对这些战略性资源的寻求是建立在自身发展特点的基础上，即企业基于本身的发展异质性，在全球范围内寻求发展的战略性资源。Olsen和Elango（2005）、Harzing（2002）等从人力资源、研发、管理、销售等角度研究了东道国的战略性资源对外商投资的影响。Mathews（2006）进一步实证检验了东道国战略资源对企业对外投资选择的影响。

2.2.4.3　制度因素与对外直接投资

随着对外直接投资发展出现新的趋势，传统的对外投资理论不再具有说服力，需要新的理论来解释这些投资行为，因此学者开始转向制度经济学的研究，用制度因素来解释企业对外投资的区位选择。Peng（2003）从东道国的制度视角解释了企业对外直接投资的区位选择，认为东道国的制度优势可以提高自身的竞争优势，企业会选择制度比较成熟的国家进行投资。其他学者，如 London 和 Hart（2004）、Bevan 等（2004）、Ricart 等（2004）都分析了东道国的制度因素对外商投资的影响。Bevan 和 Fennema（2003）认为发达国家的跨国企业投资发展中国家时充分考虑了东道国的制度环境。国内学者也对制度因素对对外直接投资的影响做了不少研究，研究的对象主要是中国对外直接投资的国家，研究的结论也不尽相同，主要形成了以下三种结论：其一，中国对外直接投资具有规避制度不完善东道国的动机。谢孟军和郭艳茹（2013）研究了东道国的法律制度对中国对外直接投资的影响，发现中国企业趋于向法律制度完善的国家投资，而避免向法律制度不健全的国家投资。韦军亮和陈漓高（2009）、王海军和宋宝琳（2013）分析了东道国的政局环境对中国对外直接投资的影响，研究表明东道国的政局环境风险与中国的投资负相关，因此，他们认为企业趋于避免向政治制度不稳定的国家投资。其二，中国趋于向制度"接近"的东道国投资。贺书锋和郭羽诞（2009）研究发现中国更喜欢向政治制度相近的国家投资。王建和张宏（2011）的研究结果显示中国更趋于向制度比较薄弱的国家投资，他们认为因为中国的制度也不太健全，因此在选择对外直接投资目的地时也是喜欢选择与自身制度相似的国家，胡兵和乔晶（2013）和邓明（2012）也获得了类似的结论。其三，东道国制度对中国对外直接投资的影响是不确定的，如蒋冠宏和蒋殿春（2012）就认为制度因素对中国对外直接投资的影响并不确定。

2.2.4.4 文化等其他因素与对外直接投资

学者们进一步研究发现，文化差异对对外直接投资的影响也很大，国外的学者较早就开始了对文化差异影响的研究。Dunning（1980）提出国际生产折衷理论，认为语言障碍、文化差异会影响跨国公司的投资心理，因此他认为语言、习俗、文化会影响企业的投资区位。Kogut 和 Singh（1988）构建文化差异指数，研究美国的对外直接投资情况，结果表明跨国公司在文化差异大的国家喜欢采用合资的形式进行投资。Li 和 Guisinger（1992）、Grosse 和 Tevino（1996）、Loree 和 Guisinger（1995）都研究了文化差异对对外直接投资的影响，结果显示对外直接投资与文化差异负相关，即企业更喜欢向与母国文化相近的国家投资，谨慎向文化差距较大的国家投资。从交易成本的角度不难解释这个现象，文化差异越大将导致交易成本越高，因此不利于吸引外来资本。2000 年以来中国的对外直接投资慢慢发展壮大，国内的学者也开始重视文化差异的影响，研究了文化差异对对外直接投资区位的影响。李新春（1999）通过研究中国投资主体与中国的文化差异，发现投资者把文化背景与母国相近的区域作为投资的首选。孙焱林（2004）利用语言差异作为文化差异的代理变量，实证检验文化差异和地理距离对对外直接投资的影响，结果显示文化和地理因素对中国的招商引资带来积极影响。张建红（2004）和卢孔标（2005）则利用华裔人口数量作为代理变量研究文化差异对中国对外直接投资的影响，结果表明东道国的华裔人口数量与中国的对外直接投资正相关。潘镇和鲁明泓（2006）利用对华投资的 69 个国家的数据，基于霍夫斯泰德的文化维度，构建综合文化差异指数，结果表明与中国的文化差异越大的国家，在中国的投资越少。周凌霄（2006）研究认为东道国与母国的文化差异越小，投资风险越小，因此，文化因素对跨国公司的投资区位发挥着较大的作用。此外，还有学者利用东道国和母国的产业结构特征来研究对外投资的区位选择，如 Wang 等（2012）构建了产业环境指数，并实证检验了产业环境指数对中国企业投资的影响。

2.2.4.5 对外承包工程投资区位分布的相关研究

在研究对外直接投资区位选择时，学者还发现东道国的经济开放程度与外商投资正相关。Harms 和 Ursprung（2002）、Jensen（2003）以及 Busse 和 Hefeker（2007）研究了东道国的贸易自由度对外商投资的影响，结果发现贸易自由度越高的国家外资流入越多。还有学者从地理距离的角度研究了对外直接投资的区位选择，唐宜红和林发勤（2009）研究了中国投资的32 个国家，发现地理距离对双边的投资流量有阻碍作用，即距离越远，对外投资越少。施炳展等（2012）通过研究地理距离对贸易和投资的影响，发现地理距离对贸易的影响与对投资的影响不同，距离只会减少贸易流量，对贸易广度没有影响，而对投资的影响则比较明显。Fung 等（2006）研究了东道国的基础设施对外商投资区位选择的影响，结果表明完善的交通基础设施有利于吸引外资。关于对外承包工程投资区位选择的研究文献较少，国内仅有少数学者对这个问题有所研究，较为突出的是王文治和扈涛（2014）研究了 56 个亚非拉国家的数据，通过实证回归，发现东道国的经济增长、市场规模等因素对中国的对外承包工程投资有显著的正向影响，而东道国的基础设施对中国对外承包工程投资的影响不显著。罗晓斐（2016）借用经典引力模型，利用面板数据模型进行实证回归分析，结果显示东道国加入贸易协定、城镇化水平都是影响中国承包工程进入的重要因素。

2.2.5　对外承包工程与贸易规模相关研究

从目前来看，直接研究对外承包工程与出口贸易规模关系的文献尚不多见，而与对外承包工程相似的对外直接投资的相关研究则有很多。为此，以下先从对外直接投资与出口贸易相关的文献入手，总结对外直接投资与进出口贸易规模、对外承包工程与进出口贸易规模的相关研究，以便对现有相关文献有全面的认识。

2.2.5.1　国外对外直接投资与进出口贸易相关研究

（1）理论研究。"二战"结束以后，西方国家的经济进入高速发展时期，各国之间的贸易、投资关系也日益密切，经济学家开始对对外直接投资的经济影响展开研究，探讨了对外直接投资与国际贸易的关系。Mundell是较早研究对外直接投资与国际贸易关系的学者之一，他认为在存在贸易壁垒的情况下，对外直接投资是按照特定的轨迹向外投资，对外直接投资产生的生产力最终将代替国际贸易的往来，即对外直接投资对国际贸易有替代作用。Buckley 和 Casson（1976）提出的内部化理论以及 Duning（1977）提出的国际生产折衷理论也支持对外直接投资与国际贸易呈替代关系的观点。Horstmann 等（1992）研究认为考虑到产品需求的差异性，公司在对出口和对外直接投资进行选择时会考虑母公司的规模、交易成本以及子公司的规模，权衡规模经济效益与交易成本，当交易成本比较小而公司的规模经济效益比较低时，公司就会选择以对外直接投资替代出口贸易。Tusen 等（1998）也提出了一种分析框架，指出对外直接投资与国际贸易之间可能存在替代关系。他们的研究表明，当一国进行对外投资时，可能会减少其国际贸易活动，显示出两者之间的替代效应。然而，随着发展中国家对外直接投资的兴起，学者有了一些新的发现，最先是日本学者提出对外直接投资与国际贸易具有优势互补的关系，认为美国的对外直接投资理论不能解释日本的对外直接投资现象，日本的对外直接投资是那些处在或者正在走向劣势的产业向外投资，从而获得比较优势，因此，对外直接投资与国际贸易有优势互补的关系。此外，Helpman（1984）也建立了两种产品、两种要素的两国投资、贸易关系模型，模型以要素禀赋差异为基础，研究认为对外直接投资是以要素禀赋差异为导向的，因为根据新古典贸易理论，一国只生产和出口要素禀赋充裕的产品而进口要素禀赋劣势的产品，那么对外直接投资将加大两国之间的贸易，即对外直接投资和国际贸易存在互补关系。Helpman 将内生经济增长理论创造性运用到对外直接投资和国际贸易关系的研究中，开始重视国际贸易理论和国际投资理论的融合。最近十几年发展起来的新新贸易理论突破了传统贸易理论的产业研究界限，对贸易的研究深化到个体企业的异质性层面，Baldwin 和 Braconier（2005）、Qiu（2006）等学者将投资沉没成本引入贸易模型，解释了为什么一些企业选择投资而不是选择出口，把对外直接投资理论进一步拓展到企业异质性层面。

（2）实证研究。国外学者除了对国际投资进行理论研究，还进行了实证研究，检验了相关理论。Frank 等（1978）、Cusman（1985）以及 Blonigen（2001）基于内部化优势和国际生产折衷理论建立了跨国企业的一般均衡贸易模型，实证结果支持对外直接投资与国际贸易存在替代关系的观点。Bergsten 等（1975）研究了美国的对外直接投资与出口贸易的关系，结果发现美国的出口与对外直接投资正相关。Lipsey 和 Weiss（1981）利用美国14 个产业的数据，实证检验美国对外直接投资的出口贸易效应，结果发现对外直接投资的出口贸易效应为正，即对外直接投资与国际贸易有互补关系，特别是投资的东道国如果是发展中国家，这种互补效应就更加明显。Blomström 和 Kokko（1998）利用美国和瑞士 1978~1982 年的数据进行实证研究，研究发现对外直接投资增加了东道国对母国产品的需求，这种需求是多样的，即对外直接投资与国际贸易存在互补关系，Gruber 等（1991）的研究也得出了类似的结论。Hejazi 和 Safarian（2001）构建引力模型并利用 1982~1994 年美国与贸易伙伴国家的贸易数据，检验美国制造业的对外直接投资与出口贸易的关系，结果显示制造业的对外直接投资具有贸易创造效应，增加了出口贸易。Clausing（2000）、Mucchielli 等（2000）的实证研究都验证了对外直接投资与出口贸易存在互补关系。以上这些文献都是从产业层面展开的实证研究，近几年越来越多的学者开始从企业层面做实证检验，Svensson（1996）利用企业层面的数据研究发现，对外直接投资对母国最终产品的出口具有替代效应，对中间品的出口有显著的互补关系，但是总的贸易效应是正的。Lipsey 等（2000）、Kiyota 等（2005）利用日本的企业数据实证检验了对外直接投资对出口贸易的互补效应。但有一些学者通过企业层面数据发现对外直接投资对出口贸易存在替代的关系，如 Head 和 Ries（2003）、Girma（2005）。另外，Girma 等（2005）研究了英国企业对外直接投资的出口贸易效应，通过实证分析发现跨国公司倾向于收购英国的出口企业，对跨国公司来讲出口是增加的，但是对英国内部企业而言，出口则是下降的，因此他们认为要断定对外直接投资有没有促进出口贸易，要看对哪个企业主体而言，这与 Motta 等（1996）的结论一致。

2.2.5.2　国内对外直接投资与进出口贸易相关研究

（1）理论研究。从 20 世纪 90 年代中后期开始，中国的对外直接投资开始步入快速发展时期，国内学者对国际投资与国际贸易的关系研究越来越重视，从理论上借鉴国外学者的理论模型，提出了相关理论。梁志成（2001）基于蒙代尔的投资与贸易替代模型，扩展了原有分析框架，引入了产业差异、出口商品结构、技术创新等因素，探讨了经济全球化背景下中国的对外直接投资与出口贸易的关系，通过分析指出这两者的替代关系并非必然存在。刘志彪（2002）运用成本收益法分析了企业的对外直接投资和出口贸易决策中的行为模式，指出企业是选择出口还是投资主要取决于这两者的利润大小。从而基于企业组织理论建立了分析框架，揭示了企业在对外直接投资与出口贸易之间的决策逻辑。樊瑛（2007）基于新新贸易理论建立了异质性企业贸易模型，指出企业选择出口贸易或对外直接投资的原因，用企业组织理论和契约理论解释了公司内发展以及跨国投资的动因。张天顶（2008）在异质性企业数理模型的基础上，将对外直接投资和出口贸易视为企业进入国际市场的两种重要模式，他的研究表明，生产率优势最大的企业倾向于选择对外直接投资，生产率优势较大的企业则选择出口贸易，而生产率优势较小的企业通常选择不进入国际市场。李媛（2009）构建企业、产业和竞争三个维度的分析架构，分析对外直接投资对出口贸易的影响，研究发现对外直接投资可以带动出口贸易的发展，扩大出口规模。

（2）实证研究。国内大量的学者采用实证的方法研究了对外直接投资对贸易规模的影响，绝大部分国内学者的研究对象是中国的投资伙伴国。项本武等（2006）研究了中国1999~2001年对外直接投资的贸易规模效应，利用面板数据模型回归发现对外直接投资与中国的出口存在互补关系，而与中国的进口存在替代关系。王英和刘思峰（2007）利用中国的对外直接投资和国际贸易数据实证分析对外直接投资与贸易规模的关系，结果表明1990~2005年中国的对外直接投资不仅促进了出口贸易规模的增长，而且还优化了出口商品结构。汪素芹和姜枫（2008）利用美国、日本在中国投资的数据，构建引力模型回归发现，日本对中国的投资增加了日本对中国的出口，投资与贸易存在互补关系，而美国对中国的投资则减少了美国对中国的出口，即投资与贸易是替代的关系。陈传兴和杨雅婷（2009）利用灰色系统理论，从行业层面研究了中国的对外直接投资对贸易规模的影响，研究结果支持两者存在互补关系的观点，阚大学（2009）的研究也有类似的结论。赵松（2009）则发现对外直接投资与出口贸易规模是存在替代关系还是互补关系取决于研究时间的长短，短期来看这两者存在替代关系而长期而言投资与出口是存在互补关系的。郭洪伟（2009）研究的样本更丰富，他对法国、德国、美国、日本、英国以及中国的对外直接投资数据进行比较研究，发现美国、日本的对外直接投资与出口贸易不存在因果关系，英国、德国的对外直接投资是出口贸易增长的格兰杰因，法国的出口贸易增长是对外直接投资的格兰杰因，而中国的对外直接投资与出口贸易存在协整关系，但是对外直接投资并没有显著促进贸易的增加。柴庆春和胡添雨（2012）实证研究了中国对多个发展中国家的投资，结果表明对外直接投资与出口贸易额存在显著的正相关关系。张纪凤和黄萍（2013）基于中国35个投资伙伴国2004~2010年的数据利用经典贸易引力模型研究了投资与贸易的关系，结果也支持投资与贸易互补的理论。

2.2.5.3　对外承包工程与进出口贸易规模的研究

针对对外承包工程与进出口贸易规模关系的研究大多从企业的视角展开，缺少系统理论分析和宏观整体视角的研究。仅有少数学者做了相关研究，如张越（2016）利用中国 2001～2014 年海关出口数据，在经验分析中国对外承包工程与出口贸易关系的基础上，构建实证模型分析了共建"一带一路"国家和地区的对外承包工程对中国与这些国家和地区的贸易的影响，结果表明对外承包工程确实带动了中国对外贸易的发展。

2.2.6　对外直接投资、对外承包工程与出口商品结构相关研究

2.2.6.1　国外对外直接投资与出口商品结构研究

国外学者对对外直接投资与出口商品结构的关系已经进行了很多研究，其中小岛清提出了边际产业扩张理论，指出对外直接投资是从那些在国内已经处于或者正在走向劣势的产业开始，通过对外直接投资扩大两国的成本优势差距，最终会优化国内的出口贸易结构。Ishida（1994）研究了 20 世纪 80 年代日本大量的对外直接投资对日本贸易结构的影响，结果表明日本的对外直接投资导致出口贸易发生了两点重要改变：其一，对外直接投资带动了当时日本的机器设备以及相关原材料的出口；其二，对外直接投资加快了日本国内的产业升级，使其可以集中更多的资源生产高附加值产品，从而优化了日本的贸易结构。Bayoumi 和 Lipworth（1998）的研究也证明了日本的对外直接投资对贸易结构有积极的影响，并且改善了日本的出口商品结构。Baxter 等（2003）研究了有投资关系的国家，发现它们的贸易方式以及商品结构越来越趋同，从而形成了相同的经济周期。

2.2.6.2　国内对外直接投资与出口商品结构研究

龚艳萍和周维（2005）构建了对外直接投资与出口商品结构的理论分析模型，通过数理分析厘清了对外直接投资与贸易结构优化的关系。邱立成（1999）从宏观产业层面研究了"二战"后世界各国国际投资的迅速增长对贸易产品结构的影响，利用多个国家的数据检验发现对外直接投资促进了国际贸易的发展，因为对外直接投资带动了母国的原材料出口，同时也增加了东道国的产品出口，并且改变了东道国的贸易产品结构。隋月红和赵振华（2008）利用格兰杰因果关系分析法研究出口商品结构形成的机制，发现对外直接投资对中国出口商品结构有积极影响。

更多国内的学者通过实证检验的方法研究对外直接投资与贸易产品结构之间的关系。刘恩专（1999）通过实证检验发现对外直接投资对中国出口商品结构的优化有明显的促进作用。隋月红和赵振华（2012）根据动机不同将对外直接投资分为顺梯度投资和逆梯度投资，利用与中国有投资和贸易关系的46个国家2003~2009年的数据进行研究，结果显示不管对外直接投资的动机是什么，对外直接投资都有助于贸易结构改善，即顺梯度和逆梯度的对外直接投资均提高了中国高技术、高附加值产品的出口比例，促进了贸易结构升级。陈愉瑜（2012）则利用中国1982~2010年的贸易数据，通过时间序列模型实证回归发现中国滞后两期的对外直接投资存量对国内的货物出口结构有正向影响。陈俊聪和黄繁华（2014）利用中国2003~2011年的数据，建立面板数据回归模型进行分析，结果表明对外直接投资不仅增加了出口流量，而且还明显提升了机械零部件等中间品的出口比例，同时初级品和资源密集型产品的出口比例有所下降。李夏玲和王志华（2015）把中国的经济区域分为东部、中部、西部地区，并对各区域的对外投资特点进行对比分析，最后实证检验各区域对外直接投资的贸易结构效应，通过对比发现东部地区的对外直接投资对贸易产品结构的影响最为重要，这是因为中国的出口贸易企业集聚在东部地区。魏浩和李晓庆（2015）对中国出口商品结构进行相关估算，认为中国的出口商品有75%属于中等技术产品，低技术产品的出口比例在不断下降，指出了对外直接投资对这一现象影响的重要性。

也有学者对中国的对外直接投资与国内产业结构调整的关系进行了研究。赵伟和江东（2010）回顾了产业结构调整的相关理论，在此基础上利用中国10个省份的数据进行实证检验，结果表明对外直接投资对母国的产业升级具有明显的促进作用。郭娟（2013）构建了产业结构高级化和合理化指标，并且特别对技术导向型的对外直接投资的影响效应进行实证检验，研究结果显示，技术导向型的对外直接投资与产业结构合理化不存在显著的相关关系，但是与产业结构高级化存在较强的相关关系。白玫和刘新宇（2014）阐述了中国的对外直接投资对产业结构升级的作用机制，以及当前中国对外直接投资与产业结构发展的特征。刘新宇等（2014）利用中国 1991~2013 年的对外直接投资数据，通过 VAR 模型及脉冲响应函数发现对外直接投资对中国国内的产业结构调整有明显的促进作用，但是存在一定的滞后性。以上这些学者从理论和实证方面检验了对外直接投资对国内产业结构调整的积极作用，根据现有的研究结论，产业结构的优化升级直接影响出口贸易结构的转型升级，可见，对外直接投资对母国的出口贸易结构有间接的影响。

另有学者基于出口技术含量研究对外直接投资与出口贸易结构的关系。陈俊聪和黄繁华（2013）利用中国 2004~2010 年的省际面板数据，采用广义矩估计的计量回归方法进行研究，结果表明对外直接投资规模增加 1% 可以提高出口产品的技术水平 0.053%，即对外直接投资可以提高高技术含量产品的出口比例，可见对外直接投资明显能优化出口贸易结构。张海波（2014）测度了主要发达国家和 45 个发展中国家的出口商品的技术含量，同时利用 GMM 估计实证回归分析对外直接投资与出口商品技术含量的关系，结果发现两者的关系在发展中国家并不显著，但是在发达国家呈现正相关的关系。莫莎等（2015）将对外直接投资参数纳入 Metilz 理论模型，利用中国 2002~2008 年省际面板数据，并把中国的经济区域分为东、中、西部进行分析，回归结果显示对外直接投资对国内出口产品的技术升级有积极的影响，而且对东部地区的影响最为明显。白洁（2009）认为对外直接投资是国际技术溢出最重要的渠道，它可以提高母国的生产技术水平，从而提高母国贸易出口产品的技术质量。李梅和柳士昌（2012）的研究发现，对外直接投资对母国的技术有反向的溢出效应，因此，中国的对外直接投资对国内的技术进步有明显的促进作用，这对优化国内出口贸易结构尤为关键。揭水晶等（2013）对母国技术进步的影响机制进行探讨，认为对外直接投资确实存在逆向技术溢出效应，因而可以提高国内产业的技术水平，推动出口贸易的结构优化。王恕立和向姣姣（2014）利用 2003~2011 年中国对外直接投资省际面板数据做实证回归研究，结果发现对发达国家的投资产生的逆向技术溢出效应最为明显，对国内生产率的提升有很大的促进作用，进一步验证了对外直接投资对国内产业升级、出口贸易结构优化的促进作用。

2.2.6.3 对外承包工程与出口贸易结构优化的相关研究

研究对外承包工程与出口贸易结构关系的文献非常少，仅有一些学者从对外承包工程有助于一些产品的出口视角分析出口贸易结构的变化。许晓娟和高敏雪（2013）研究发现对外承包工程促进了出口贸易规模的增加，特别是增加了电子通信类、制造及加工类产品的出口，有效地改进了中国出口商品结构。杨忻等（2005）通过理论模拟分析发现对外承包工程带动了中国成套设备的出口，其中机电产品和成套设备出口量的增加最为明显，因此认为中国的对外承包工程可以促进国内产业结构的调整，优化出口贸易结构。周学仁和张越（2015）研究了对外承包工程对中国产能过剩行业的影响，发现对外承包工程对中国产能过剩行业提升产能利用率有明显的促进作用，可进一步优化产业结构。

2.2.7 中国对外承包工程与"一带一路"相关研究

杨江等（2014）系统分析了中国对非洲直接投资的现状、特点和面临的问题，揭示出投资规模扩大和领域多元化的趋势，以及市场竞争激烈、风险预估不足等挑战，最后提出了政府应加强政策支持，企业需提升风险管理和战略合作能力的建议。李光辉（2011）研究了全球金融危机对中国对外承包工程的影响，指出金融海啸虽然对中国的对外承包工程造成不利影响，但是随着国外经济的复苏，中国的对外承包工程也渐入佳境，国家应该加快产业升级，推动对外承包工程"走出去"。张红美（2013）研究指出中国的对外工程承包行业仍然处于初级发展阶段，随着国际上其他承包公司的壮大，中国的对外工程承包行业将面临严峻挑战，因此，对外承包工程企业应该抓紧发展机遇，实现转型升级。金永梅（2016）研究了中国对外承包工程的发展现状，发现对外承包工程业务总体增长较为乐观，新签订承包合同和完成的工程业务都实现较快增长，同时也存在一些问题，如中国对外承包工程的业务附加值较低、企业融资困难等。蔡阔等（2013）利用中国对外承包工程业务的 56 个国家的数据，实证研究了对外承包工程对对外直接投资的影响，结果表明对外承包工程对中国的对外直接投资有明显的促进作用。此外，也有一些学者研究了对外承包工程发展现状，但是他们的研究主要是理论层面的分析，或者从对外经济实务的角度研究对外承包工程发展现状，如孙利国等（2011）、刁春和（2009）、邢厚媛（1999）等，这些研究缺少系统实证分析，现实经济意义有限。

"一带一路"倡议自提出以来就受到了学界的关注，国内外学者做了很多相关研究，但是绝大部分的文献是阐述"一带一路"倡议的思想、提出背景、内涵、发展现状、意义等，较少从深层次经济理论视角开展研究。汤柳（2016）、夏先良（2016）、余建（2016）等分别从金融发展、基础设施建设等视角研究"一带一路"的合作发展政策，探讨"一带一路"的发展前景。

虽然关于对外承包工程、"一带一路"倡议的研究文献很多，但基本上都是孤立的研究，没有把对外承包工程与"一带一路"倡议有机地结合起来进行研究。众所周知，"一带一路"建设的推进是以基础设施的互联互通为前提的，中国的对外承包工程行业经历了近20年的高速发展，已经形成了一定的规模，实力不断增强，应该在"一带一路"建设中发挥更加重要的作用。为此，研究"一带一路"建设背景下的中国对外承包工程，并提出相关的发展政策，以期拉动国内经济、贸易的发展，实现平稳、可持续增长是本书的一大目标。

2.2.8 国内外研究评述

结合本书的主线"对外承包工程的投资区位分布及其出口贸易效应"，本章主要对相关文献进行了回顾总结，主要包括以下三个方面：

（1）学者对对外直接投资区位分布的研究持续不断。学界对对外直接投资的动机、影响因素进行了大量的探讨，并构建系统模型，做了大量的实证检验。国内的学者根据中国经济的发展特点构建了适合现阶段中国对外投资的理论模型，并积累了深厚的研究经验，为本书研究中国对外承包工程的投资区位分布提供了理论准备和实证经验。

（2）围绕对外直接投资与出口贸易，学者们进行了理论创新与实证研究，为这个领域增添了新的成果。学界通过理论分析认为，对外直接投资对国际贸易的影响主要有三种，即对外直接投资对国际贸易有替代作用、对外直接投资对国际贸易有互补作用、对外直接投资对国际贸易的替代作用和互补作用相互抵消。实证研究更深入地分析了对外直接投资对出口贸易的影响，如赵松（2009）研究发现了对外直接投资与出口贸易到底存在替代关系还是互补关系取决于研究时间的长短，短期来看这两者存在替代关系，而长期而言投资与出口是存在互补关系的，研究结果更有说服力。对外承包工程是涵盖资金、技术、人力、管理等方面的合作，对出口贸易的影响更为复杂。

（3）对外承包工程对不同行业产品出口的影响是不一样的，对与工程建设关联性比较高的行业影响较大，而对那些与工程承包没有直接关系的行业影响较小，因此，对外承包工程势必对出口贸易结构产生影响。从现有文献研究结果来看，大部分文献都认为对外直接投资可以优化国内产业结构，提高技术含量高、附加值高的产品的出口比例，从而优化出口商品结构，实现出口贸易转型升级。因此，本书在研究对外承包工程的国际贸易效应时将借鉴传统的对外直接投资研究方法，即把对外承包工程对出口贸易结构的影响纳入对外直接投资贸易效应分析框架中，这也符合利用成熟模型研究新问题的原则。

近年来，中国对外承包工程的业务规模持续高速增长，每年完成的营业额已经超过了同期中国的对外直接投资额，新签订的承包合同金额更是越来越大。对外承包工程已经成为中国对外经济合作最重要的方式，体现了中国整体的"硬实力"，对中国经济、贸易发展的影响不言而喻。通过梳理现有相关文献发现，目前学界对对外承包工程的研究并不多，很多研究仅是简单的数据描述和个例分析，缺少系统的理论分析和翔实的数据实证检验。基于此，本书在总结现有相关文献和回顾相关理论的基础上，研究分析对外承包工程的投资区位分布、对外承包工程对贸易规模以及出口贸易结构的影响，同时结合国家"一带一路"倡议研究"以工程促贸易"的发展政策，以期为当前中国的对外承包工程紧紧捉住"一带一路"发展机遇，带动出口贸易，使我国实现"保增长、稳出口"的发展目标提供政策依据。

3　对外承包工程发展现状

国际工程承包是综合了建筑、设计、融资、劳务、施工、管理、保险等多种业务的经济合作活动。作为经济合作的一种重要形式，国际工程承包受到国际经济环境、政治环境的影响，同时它也深刻地影响着世界经济的发展。在过去的几十年中，国际工程承包市场在徘徊中前进，中国的对外承包工程也经历了由缓慢发展到快速增长的过程，业务类型也由最初简单的建筑承包发展为涵盖咨询、设计、采购、施工、安装、监理、维护、运营管理等各方面的一整套服务，整体实力大大增强。本章首先考察国际工程承包市场的概况，分析国际工程承包的业务规模、行业分布、地区分布；其次分析中国对外承包工程的发展现状，不仅分析了行业发展规模、业务的区位分布，而且根据美国《工程新闻记录》发布的数据分析了代表性企业的海外承包工程业务，这不仅便于我们对中国的对外承包工程和国际工程承包的发展状况有清晰的认识，也为后面的实证研究提供了实践及经验分析依据。

3.1　国际工程承包概况

3.1.1　国际工程承包总体规模分析

由于国际工程承包准确的统计数据难以获得，因此分析国际工程承包市场的规模通常是依据美国《工程新闻记录》（*Engineering News-Record*，ENR）统计公布的全球最大 225/250 家国际承包商的业务情况、经营数据进行的。ENR 是全球工程建设领域的权威刊物，创刊历史已经超过 100 年。ENR 两大排行榜"国际工程设计公司 200 强"和"全球最大 250 家国际承包商"在业内拥有广泛的影响力，在国际建筑工程业内是衡量公司实力的重要依据。

得益于世界经济的快速发展以及经济全球化的发展，全球建筑业也进入了快速发展时期。"二战"后，美国和欧洲先后经历了战后重建、经济繁荣发展时期；到 20 世纪五六十年代，国际工程承包公司慢慢起步发展，开始承包国际建筑工程业务；随着日本以及众多新兴国家经济的腾飞，20 世纪 90 年代初，国际工程承包业进入了快速增长阶段，但在 1997 年亚洲爆发金融危机后，国际工程承包业进入一个跌宕起伏的发展阶段。进入 21 世纪，随着中国经济的崛起以及经济全球化的纵深推进，2000~2007 年，国际工程承包业重新回到一个相对快速发展的阶段。但在 2008 年全球金融危机爆发之后，其进入了较为低迷的发展时期，增长速度较慢，甚至出现了负增长。尽管如此，到 2010 年，全球的建筑业仍有 8 万亿美元的产值规模，国际工程承包业务也相应增长。

依据 ENR 统计的全球最大 225/250 家国际承包商的海外市场营业收入及其增长率可以窥见全球国际承包业的发展趋势。如图 3-1 所示，可以看到，全球最大 225 家国际承包商在 2000 年的海外市场营业收入仅为 1158.5 亿美元，经过十几年的发展，到 2013 年，海外市场营业收入已经达到 5403 亿美元，增长了近 5 倍。从海外市场营业收入增长轨迹来看，2000~2001 年经历了短暂的负增长，2002 年开始稳步较快地增长，增长率基本在 10% 以上，特别是 2003 年、2007 年和 2008 年增长率更是超过了 20%，其中 2007 年达到了 38.28%。2008 年的全球金融危机使国际工程承包业进入了停滞的发展阶段，不过 2011 年其又进入了缓慢的增长阶段，可惜，世界经济并没有真正的复苏，经济动荡时有发生，近几年国际工程承包业又有所衰退。2016~2019 年全球最大 250 家国际承包商的海外市场营业收入进入稳定期。2020 年以来，营业规模有所收缩。尽管国际工程承包业的发展起起落落，但从 ENR 全球最大 225/250 家国际承包商近期的海外营业情况来看，国际工程承包业的规模一直在波动增长，对全球经济、贸易发展的影响也越来越大。

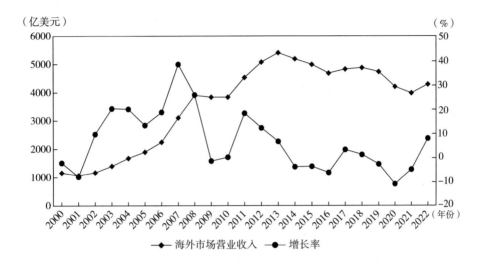

图 3-1　2000~2022 年全球最大 225/250 家国际承包商海外市场
营业额和增长率

3.1.2　国际工程承包的行业分布分析

根据 ENR 对国际工程承包业务领域的分类，可以把国际工程承包分为房屋建筑等 11 个行业[①]。从表 3-1 可以看出，2000~2022 年全球最大 225/250 家国际承包商的业务主要分布在房屋建筑、石油化工、交通运输这三大行业，三大行业海外市场营业收入约占国际工程承包营业总收入的 70%。这三大行业的发展趋势各不相同，其中房屋建筑业海外市场营业收入所占的比例逐年降低，下降趋势较为明显，2000 年的占比为 31.4%，到2015 年仅占 21.4%，2016~2022 年，海外市场营收占比仍然与 2015 年的占比相当，相比 2000 年整整降低了 10%。一方面，这与国际房地产市场

---

① 国际工程承包可分为房屋建筑、制造业、工业、石油化工、水利、污水排放与废弃物、交通运输、危害废物处理、电力、电信、其他，共 11 个子行业。

接近饱和有关。经过几十年的快速发展，许多国家的房屋建筑逐渐饱和，这限制了房屋建筑业国际工程承包业务的增长。另一方面，房屋建筑在国际工程承包中是中低端行业，特别是一般房屋建筑的技术含量比较低，工程较为简单，大部分国家都可以由本土的承包商完成，因此很少需要引进国际承包商。石油化工业国际工程承包业务略有增长，海外市场营业收入所占比例较为稳定：2000年接近17%，到2015年比例稳定在23%左右，2017年后逐渐下滑，到2022年占比只有13%左右。石油化工业是产业集中度较高的行业，其发展与原油分布关系较大，该行业国际工程承包海外市场营业收入所占比例的下降与石油化工业上一波（2007～2014年）投资高峰引发的产能过剩有关。交通运输业国际工程承包海外市场的营业收入在2000年占20%，行业排名第二，仅次于房屋建筑业，之后波动增长，到2015年占27.9%，2022年进一步提升到33.3%，排在所有行业的首位。电力所占比例波动提高，从2000年的7.4提高到2015年的10.8%，2015年以来占比保持在10%左右，总体略有上升。电力行业属于基础设施类行业，随着全球各国用电需求的不断上升，电力行业国际工程承包的重要性也在不断提高，海外市场营业收入所占比重稳步提升。制造业国际工程承包2000～2006年海外市场营业收入所占比例基本保持在3%以上，随着美国2007年的次贷危机以及2008年的全球金融危机的爆发，制造业国际工程承包海外市场营业收入所占比例迅速下降，维持在1.5%左右，直到2015年才恢复到2.2%。可见，全球金融风暴对制造业国际工程承包的冲击较大。这可能与制造业主要生产消费品有很大关系，金融危机对消费者信心打击很大，由此造成消费的低迷萎缩、国际贸易的下滑，进而造成制造业国际工程承包的增长放缓。工业国际工程承包海外市场营业收入所占的比例偶有起伏，在5%左右。2019年以来，制造业国际工程承包海外市场营业收入的占比逐渐上升，到2022年上升到5.3%，这与这几年产业链的重新布局有很大的关系。剩下的行业，包括水利、污水排放与废弃物、危害废物处理、电信等行业的国际工程承包海外市场营业收入所占的比重相对固定，所占的比例都比较低。

表 3-1　2000~2022 年全球最大 225/250 家国际承包商的

业务行业分布　　　　　　　　单位：%

行业 年份	房屋 建筑	制造业	工业	石油 化工	水利	污水 排放与 废弃物	交通 运输	危害 废物 处理	电力	电信	其他
2000	31.4	3.7	7.2	16.9	3.5	2.2	20.0	0.7	7.4	2.3	4.7
2001	28.3	3.6	5.6	19.5	3.3	1.3	23.7	0.3	7.0	1.2	6.1
2002	28.7	2.9	5.7	20.6	3.0	1.5	24.7	0.2	6.9	1.6	4.3
2003	25.4	2.5	6.2	18.7	2.8	1.5	27.5	0.2	6.8	1.4	7.1
2004	24.8	3.0	5.3	18.3	2.5	2.0	26.3	0.4	6.0	1.2	10.1
2005	25.6	3.2	5.3	19.2	2.5	1.6	26.3	0.2	6.2	1.2	8.4
2006	26.5	3.4	5.2	20.1	2.6	1.3	26.3	0.3	6.4	1.3	6.7
2007	23.8	2.3	4.9	25.8	2.6	1.6	25.6	0.2	5.5	1.1	6.4
2008	24.1	1.8	5.9	23.3	3.6	1.5	26.7	0.1	6.9	1.0	5.1
2009	22.4	1.0	5.4	23.8	2.9	1.6	29.3	0.1	9.3	0.7	3.5
2010	21.6	1.2	5.5	23.3	3.2	1.7	28.4	0.2	10.1	0.8	4.1
2011	20.1	1.3	6.5	23.0	3.4	1.6	26.8	0.2	10.4	1.3	5.4
2012	20.2	1.6	8.2	23.4	3.0	1.4	25.6	0.4	10.2	1.1	4.9
2013	20.7	1.8	6.0	23.6	2.9	1.3	25.2	0.1	10.5	1.0	6.8
2014	22.4	1.9	5.2	24.0	2.6	1.3	26.0	0.2	10.4	1.3	4.7
2015	21.4	2.2	4.1	22.9	2.8	1.0	27.9	0.2	10.8	0.8	6.0
2016	21.7	2.2	3.1	22.3	2.6	1.3	30.8	0.3	9.7	1.0	5.0
2017	23.3	2.0	4.0	18.5	2.6	1.5	31.8	0.2	10.4	1.3	4.8
2018	23.5	3.3	4.5	15.7	3.0	1.7	31.2	0.1	10.4	1.4	5.1
2019	26.1	2.3	3.4	15.0	2.9	1.7	31.0	0.1	10.3	1.7	5.6
2020	23.8	4.0	3.1	13.7	2.6	1.6	31.1	0.1	11.2	2.0	6.7
2021	22.6	4.3	3.8	13.0	2.8	1.8	33.2	0.1	11.3	1.9	5.2
2022	21.4	5.3	4.0	13.3	2.9	1.5	33.3	0.1	10.5	2.9	4.9

注：2000~2011 年为全球最大 225 家国际承包商的数据，2012~2022 年为全球最大 250 家国际承包商的数据。

资料来源：美国《工程新闻记录》。

3.1.3　国际工程承包的区域分布

国际工程承包市场涉及的区域主要包括欧洲、非洲、亚洲、北美（美国和加拿大）、中东以及拉丁美洲和加勒比海地区。不同时期的投资重点是不一样的，所以国际工程承包商的投资热点地区也在不断轮换。根据 ENR 全球最大 225/250 家国际承包商的统计数据，笔者逐一分析以上地区国际工程承包业务的发展状况。

（1）亚洲。亚洲得益于日本、韩国等的经济腾飞，以及中国的改革开放和其他新兴国家的经济崛起，国际承包商不断增加在亚洲的工程承包业务，亚洲国际工程承包的业务比例不断攀升，特别是 20 世纪 90 年代初，全球最大 225 家国际承包商在亚洲的海外营业额占国际工程承包总营业额的比重在所有地区中居首位，1994 年更是超过了总营业额的 1/3，占比为36.7%。随着 1997 年亚洲金融危机的爆发，亚洲的国际工程承包热度有所下降，随后欧美经济的全面复苏以及非洲的快速发展，又使亚洲的国际工程承包业务不断下滑，到 2022 年该地区的营业额占比为 19.6%，排在六大地区的第二位。从表 3-2 可以看到，中国、韩国、日本、德国、美国等国家的国际承包商在亚洲的业务比较多。

表 3-2　2022 年全球最大 250 家国际承包商所属国家及业务地区占比

国家	公司数量（家）	海外市场收入（亿美元）	所占比重（%）	地区所占比重（%）					
				亚洲	非洲	欧洲	北美	拉丁美洲和加勒比海地区	中东
美国	39	266.5	6.2	3.7	0.7	2.8	—	19.5	4.5
澳大利亚	2	40.2	0.9	0.0	0.0	1	4	0.0	0.0
加拿大	4	19.7	0.5	0.1	0.2	0.2	2.3	0.3	0.5
中国	81	1179.3	27.5	54.2	63	9.5	1.3	24.8	35.6
英国	2	49.0	1.1	1.1	1	1.0	1.7	0.3	1.8
荷兰	1	32.5	0.8	1.5	0.3	1.1	0.2	0.2	0.6
法国	3	627.9	14.7	2.4	7.8	33.4	10.9	13.8	1.1
德国	2	74.7	1.7	5.4	0.2	1.2	1.7	0.1	0.9

国家	公司数量（家）	海外市场收入（亿美元）	所占比重（%）	地区所占比重（%）					
				亚洲	非洲	欧洲	北美	拉丁美洲和加勒比海地区	中东
意大利	12	163.7	3.8	2.1	3.7	3.2	4.9	2.9	5.5
西班牙	9	594.4	13.9	0.3	0.2	12	44.4	19	2.5
印度	5	62.5	1.5	0.9	2	0.1	0.3	0.1	8.4
日本	11	198.6	4.6	9.6	0.9	0.9	8.7	0.2	5.5
韩国	12	263.3	6.1	13.1	2.1	2.5	2.4	8.8	14.6
土耳其	40	189.6	4.4	2.2	6.5	8.2	0.4	0.7	8.6
其他	27	523.1	12.3	3.4	11.4	22.9	16.8	9.3	9.9
合计	250	4285	100	100	100	100	100	100	100

资料来源：ENR。

（2）欧洲。欧洲是世界最大的发达经济地区，经济发展成熟。这一地区的国际工程承包业在 1990 年后处于平稳发展阶段，业务所占的比例均在 20%左右，2000 年后新一轮的经济繁荣使这一地区重新成为国际工程承包的热点地区，营业额比例有所提高。2007 年后受困于欧债危机等问题，国际工程承包在欧洲处于停滞的状态，2015 年欧洲国际工程承包的营业额占比为 18.7%。近几年来，欧洲市场的发展重新获得了增长，2022 年全球最大 250 家国际承包商在欧洲的海外营业额在所有地区中排在首位，占比为 26.3%。从表 3-2 可以看出，2022 年法国、中国、土耳其等国家的国际承包商在欧洲的承包业务比较多，其中法国的海外营业额占 33.4%。

（3）北美（加拿大、美国）。与欧洲类似，北美是发展较为成熟的地区，早在 20 世纪 90 年代，北美国际工程承包业务所占的比重一直保持在 13%左右。随着亚洲金融危机的爆发，资金流入北美，北美的国际工程承包业务有小幅攀升。可是，这种上升势头并没有持续多久，2002 年以后北美国际工程承包业务的占比又缓慢下降，维持在 10%上下。2022 年全球最大 250 家国际承包商在美国和加拿大的海外营业额分别为 559.1 亿美元和 239.1 亿美元，占国际工程承包总营业额的 13.0%和 5.6%。美国、德国、法国、西班牙、意大利、中国、日本等国家的国际承包商在北美地区的营业收入比较高，其中美国的国际承包商在加拿大的营业额占总营业额的 46.6%。

（4）非洲。非洲是世界上最落后的地区，工业欠发展、基础设施落后，国民收入低下，因此，外来投资资金非常有限，国际工程承包业更是难以发展。全球最大 250 家国际承包商在非洲的业务占比一直在 10% 以下，非洲很难成为国际承包商的投资重点。然而，近年来，非洲国家也开始大力谋求发展，调整经济结构，大规模建设公路、铁路、水电等基础设施项目，加上引进的外资以及各种援助资金的持续注入，使非洲成为经济发展热点地区，国际承包商在非洲的业务也有所增加。2015 年全球最大 250 家国际承包商在非洲的海外营业额为 623.9 亿美元，占总营业额的 12.9%，但到 2022 年全球最大 250 家国际承包商在非洲的海外营业额已经降为 480.9 亿美元，占总营业额的 11.2%。从表 3-2 可以看出，中国的国际承包商在非洲的业务占比最高。

（5）拉丁美洲和加勒比海地区。拉美地区在经历了 20 世纪 80 年代的债务危机之后，国际工程承包业务的发展停滞，后来经过债务重组慢慢走出了困境。然而这一地区依然难成为国际承包商的投资重点，多年以来业务占比一直在 10% 以下徘徊。2015 年全球最大 250 家国际承包商在拉丁美洲和加勒比海地区的海外营业额分别为 526.9 亿美元和 20.3 亿美元，占总营业额的 10.9% 和 0.4%；2022 年全球最大 250 家国际承包商在拉丁美洲和加勒比海地区的海外营业额分别为 272.6 亿美元和 14.4 亿美元，占总营业额的 6.4% 和 0.3%。西班牙、中国、美国等国家的国际承包商在拉丁美洲的营业额的占比较大。

（6）中东。中东地区是石油资源的集中地，国际工程承包在这个地区因石油被大量开采而迅速发展，但也因战争与动乱而出现停滞，国际承包商在这个地区的投资也逐渐边缘化。伊拉克战争结束以后，中东迎来了难得的和平发展时期，加上国际油价的节节攀升，其又受到了国际承包商的青睐，国际工程承包逐渐繁荣起来。2015 年全球最大 250 家国际承包商在中东的海外营业额为 765.1 亿美元，占总营业额的 15.8%；2022 年全球最大 250 家国际承包商在中东的海外营业额为 499.0 亿美元，占总营业额的 11.6%。中国、韩国、土耳其等国家的国际承包商在中东的工程承包业务比较多。

3.2 中国对外承包工程发展现状

3.2.1 中国对外承包工程的总体分析

3.2.1.1 中国对外承包工程的规模

中国对外承包工程是对外开放发展的产物。在改革开放以前，中国除了在一些社会主义国家有少数援助项目，对外承包工程几乎是空白。1980年开始，中国对外承包工程逐渐走上正轨。从表 3-3 可以看出，虽然1984~1990 年对外承包工程合同数、合同金额、完成营业额都比较低，但是各项指标基本保持较快增长，对外承包工程得以稳步发展。这一时期合同数还比较少，每年只有几百份，合同金额维持在十几亿美元。1984 年完成营业额为 4.94 亿美元，1990 年为 16.44 亿美元。1991~2010 年，中国对外承包工程进入了快速发展阶段，特别是 2001 年国家实施"走出去"战略以来，对外承包工程进入了高速发展快车道，合同数由 1991 年的 1171 份增加到 2010 年的 9544 份，增长了近 8 倍。合同金额和完成营业额在 1991 年时分别为 25.24 亿美元和 19.7 亿美元，到 2010 年分别为 1343.67 亿美元和921.7 亿美元，约增长了 52 倍和 46 倍；合同金额除了 1993 年为负增长外，其余年份均为正增长，且大部分年份保持两位数的增长速度，其中 1992 年和 2006 年增长最快，分别为 108.04% 和 122.88%。20 世纪 90 年代，完成营业额增长率呈现前高后低的趋势，1995~2001 年，完成营业额增长率较低而且起伏波动较大。2002~2010 年，完成营业额实现了高速增长，增长速度为 20%~30%，增长最慢的 2010 年为 18.61%，增长最快的 2008 年为39.29%。2011~2015 年，中国对外承包工程增速有所下降，合同金额的增长率基本上维持在 10% 以下，完成营业额的增长率维持在百分之十几。总之，不管是合同金额还是完成营业额，增速都比前十年大幅降低。2016 年商务部公布的数据显示，2015 年中国对外承包工程新签合同金额为2100.7 亿美元，完成营业额为 1540.7 亿美元，在新签的合同中，单个项目超过 5000 亿美元的合同有 721 个，比 2014 年增加了 59 个。2016 年以来，中国对外承包工程每年的合同金额约为 2500 亿美元，完成的合同项目金额在 1600 亿美元左右。特别是 2020 年新冠病毒感染疫情的暴发，给中国对外承包工程的发展带来了很大的困难，尽管如此，业务营业收入基本上能与 2019 年持平或略有下降。中国对外承包工程逐渐成熟化，一些具有相对优势的行业逐渐在国际工程承包中拓展自己的空间，不断提升自己的实力。

表 3-3　1984~2022 年中国对外承包工程业务合同与营业情况

年份	合同数（份）	合同金额（亿美元）	合同金额增速（%）	完成营业额（亿美元）	完成营业额增速（%）
1984	344	15.38	18.02	4.94	21.35
1985	465	11.16	−27.44	6.63	34.21
1986	486	11.89	6.54	8.19	23.53
1987	616	16.48	38.60	11.14	36.02
1988	642	18.13	10.01	12.53	12.48
1989	776	17.81	−1.77	14.84	18.44
1990	920	21.25	19.31	16.44	10.78
1991	1171	25.24	18.78	19.7	19.83
1992	1164	52.51	108.04	24.03	21.98
1993	1393	51.89	−1.18	36.68	52.64
1994	1702	60.27	16.15	48.83	33.12
1995	1558	74.84	24.17	51.08	4.61
1996	1634	77.28	3.26	58.21	13.96
1997	2085	85.16	10.20	60.36	3.69
1998	2322	92.43	8.54	77.69	28.71
1999	2527	101.99	10.34	85.22	9.69
2000	2597	117.19	14.90	83.79	−1.68
2001	5836	130.39	11.26	88.99	6.21
2002	4036	150.55	15.46	111.94	25.79
2003	3708	176.67	17.35	138.37	23.61
2004	6694	238.44	34.96	174.68	26.24
2005	9502	296.14	24.20	217.63	24.59

年份	合同数 （份）	合同金额 （亿美元）	合同金额增速 （%）	完成营业额 （亿美元）	完成营业额增速 （%）
2006	12996	660.05	122.88	299.93	37.82
2007	6282	776.21	17.60	406.43	35.51
2008	5411	1045.62	34.71	566.12	39.29
2009	7280	1262.1	20.70	777.06	37.26
2010	9544	1343.67	6.46	921.7	18.61
2011	6381	1423.32	5.93	1034.24	12.21
2012	6710	1565.29	9.97	1165.97	12.74
2013	11578	1716.29	9.65	1371.43	17.62
2014	7740	1917.56	11.73	1424.11	3.84
2015	8662	2100.74	9.55	1540.74	8.19
2016	19157	2440.10	16.15	1594.17	3.47
2017	22774	2652.76	8.72	1685.87	5.75
2018	10985	2418.04	-8.85	1690.44	0.27
2019	11932	2602.45	7.63	1729.01	2.28
2020	9933	2555.40	-1.81	1559.35	-9.81
2021	10786	2584.94	1.16	1549.43	-0.64
2022	9823	2530.70	-2.10	1549.92	0.03

资料来源：《中国统计年鉴》（1985～2023）。

3.2.1.2　中国对外承包工程的区域分布

笔者根据《中国统计年鉴》的业务分布统计方法，把中国对外承包工程的业务分布区域分为亚洲、非洲、欧洲、拉丁美洲、北美洲、大洋洲及太平洋岛屿、其他七大地区，表3-4为2000～2022年中国对外承包工程各个地区的业务占比。

表3-4　2000～2022年中国对外承包工程各地区的业务比例　单位：%

年份＼地区	亚洲	非洲	欧洲	拉丁美洲	北美洲	大洋洲及太平洋岛屿	其他
2000	71.519	16.351	5.287	2.509	1.926	1.838	0.570

续表

年份\地区	亚洲	非洲	欧洲	拉丁美洲	北美洲	大洋洲及太平洋岛屿	其他
2001	62.982	20.585	7.613	3.550	3.315	1.416	0.539
2002	64.939	16.202	8.123	3.102	5.119	0.814	1.700
2003	58.570	21.997	9.813	5.479	1.362	0.470	2.309
2004	55.840	26.153	9.559	5.541	1.706	0.650	0.551
2005	47.667	31.166	10.911	7.229	2.212	0.360	0.455
2006	45.917	31.088	11.414	6.378	4.029	1.023	0.151
2007	50.078	30.452	8.823	7.081	2.424	1.029	0.113
2008	51.055	34.885	5.828	5.291	1.039	1.887	0.015
2009	51.233	36.161	4.085	4.690	1.204	2.581	0.046
2010	46.282	38.874	5.410	6.808	0.964	1.660	0.002
2011	49.332	34.926	4.448	7.655	1.375	2.246	0.018
2012	46.565	35.022	6.057	9.705	0.864	1.774	0.013
2013	46.957	34.920	5.999	9.705	0.918	1.494	0.007
2014	45.529	37.199	5.021	9.255	1.418	1.578	0.000
2015	44.829	35.558	5.700	10.644	1.826	1.443	0.000
2016	48.208	32.280	5.009	9.120	1.453	2.559	1.371
2017	52.371	30.363	5.526	7.660	1.407	2.673	0.000
2018	53.651	28.891	5.925	7.079	1.454	2.997	0.003
2019	56.764	26.612	6.147	6.730	0.735	3.012	0.000
2020	57.164	24.580	8.954	5.059	0.940	3.303	0.000
2021	55.727	23.954	10.122	5.144	1.465	3.586	0.002
2022	53.182	24.417	10.292	7.310	0.935	3.812	0.052

资料来源：《中国统计年鉴》（2001～2023）。

（1）亚洲。亚洲一直是中国对外承包工程业务的主要来源地，历来是中国承包商的业务主战场。得益于多年来亚洲经济的良好发展势头，以及中国与亚洲国家在文化、地缘政治上的优势，中国对外承包工程在亚洲的营业额及业务占比均遥遥领先于其他地区。从表3-4可以看出，中国对外承包工程将近一半甚至2/3的业务在亚洲，特别是2002年达到了64.939%。

不过随着非洲等其他地区业务的快速增长,亚洲的业务占比呈现下降趋势,从 2003 年的 69.3 亿美元、占比为 58.57%,下降到 2015 的 690.7 亿美元、占比为 44.829%,不过到 2022 年占比又上升到 53.182%,可见亚洲的业务占中国对外承包工程的"半壁江山"。

(2) 非洲。近年来,非洲大力发展经济,投入大量资金建设铁路、公路、机场、水利、电力、电信等基础设施。中国的承包商坚定实施"走出去"发展战略,在非洲"攻城略地",不断获得大型工程的承包权。2000 年中国对外承包工程在非洲的营业额和业务占比分别为 10.96 亿美元和 16.351%。此后十几年,中国对外承包工程在非洲的业务快速增长,2015 年完成营业额和业务占比分别为 547.8 亿美元和 35.558%。2016 年以后,中国对外承包工程在非洲的业务占比出现了逐渐下降的趋势,到 2022 年业务占比为 24.417%。非洲有着良好的经济发展前景,中国的承包商又牢牢抓住了非洲工程大承建的机会。由此可见,中国对外承包工程在非洲有望获得进一步发展,非洲也将成为中国越来越重要的对外承包工程地区。

(3) 欧洲。欧洲是经济发展成熟的地区,基础设施完善,承包工程的机会相对较少。如表 3-4 所示,2000~2007 年中国对外承包工程在欧洲的业务占比在 9% 左右,比例最高的是 2006 年的 11.414%。2008 年以来,受到金融风暴以及欧债危机的影响,中国对外承包工程在欧洲的业务比例有所下降,维持在 5% 左右;2015 年中国对外承包工程在欧洲完成的营业额为 87.83 亿美元,占比为 5.700%。2016 年以来中国对外承包工程在欧洲的业务占比呈现逐年增长的趋势;2022 年占比上升到 10.292%,成为中国第三大对外承包工程地区。

(4) 拉丁美洲。拉丁美洲的国家都属于发展中国家,经历了 20 世纪 80 年代的债务危机以及 90 年代的债务重组,进入 21 世纪才慢慢恢复经济发展,中国对外承包工程在拉丁美洲的营业额也保持了较快增长。2000 年中国对外承包工程在拉丁美洲的完成营业额为 1.68 亿美元,占比为 2.509%。此后十几年,完成营业额所占的比例逐渐增大,2015 年完成营业额为 164 亿美元,占比 10.644%;2022 年占比为 7.310%,成为中国第四大对外承包工程地区。

（5）北美洲。中国对外承包工程在北美的业务集中在美国，北美是经济发达地区，在地缘政治上中国也没有优势，因此，中国对外承包工程在北美的业务占比一直处于较低的水平。从表3-4可以看出，2000年以来中国对外承包工程在北美的完成营业额的占比维持在1%左右；2015年完成的营业额为28.14亿美元，占比为1.826%；2022年完成营业额的占比进一步下降，为0.935%。

（6）大洋洲及太平洋岛屿。此地区除了澳大利亚和新西兰，其他均为岛屿国家，国家规模都比较小，因此国际工程承包业务较少，是中国对外承包工程业务占比较低的地区。2000年以来中国对外承包工程在该地区的完成营业额的占比维持在1%左右；2015年中国对外承包工程在该地区的完成营业额仅为22.23亿美元，占比为1.443%。不过，2016年以来该地区的中国对外承包工程完成营业额的占比逐渐提升，到2022年上升为3.812%。

3.2.1.3 中国对外承包工程的行业分布

从行业细分方面来分析，中国对外承包工程的细分行业分布在不同的时期有所不同。在20世纪八九十年代，中国对外承包工程企业的总体实力还相对落后，也只能在一些传统行业承包工程，如房屋建筑业、交通运输、石油化工业等，其他行业的业务难以涉及。随着经济的发展，中国在越来越多的行业领域崭露头角，逐渐在制造业、工业、电力、电信、水利、危害废物处理等行业获得工程承包业务。例如，全球最大225家国际承包商中的中国企业2001年房屋建筑业对外承包工程的业务占比为35.7%，经过十几年的发展，2014年这一占比为24.3%，行业比重有所下降。而高技术行业对外承包工程的业务比重不断增加，例如，全球最大225家国际承包商中的中国企业2001年电信行业的对外承包工程业务几乎为零，而到了·2014年电信行业的对外承包工程的营业额为2.1亿美元，行业占比为0.24%，取得了一定的发展。

总体来说，中国对外承包工程在越来越多的行业领域具备国际竞争力，可以在各个行业取得工程承包业务。目前，虽然中国对外承包工程仍以房屋建筑等传统行业为主营，但是在通信、电力、工业、制造业等行业领域均有长足的发展，取得了较大突破，中国对外承包工程向资本密集、高新技术方向发展。

3.2.2　入选全球最大 225/250 家国际承包商的中国企业分析

美国《工程新闻记录》是国际工程建设领域的权威刊物，通过分析入选全球最大 225/250 家国际承包商的中国企业，可以了解中国对外承包工程微观企业层面的情况。由于 ENR 发布的数据的统计口径在 2011 年前后有所差异，因此表 3-5 中 2005～2011 年是全球最大 225 家国际承包商的数据，2012～2022 年是全球最大 250 家国际承包商的数据。

首先，入选 ENR 全球最大 225/250 家国际承包商的中国企业数量不断增加，由 2004 年的 49 个变成 2023 年的 81 个，具体名单见附表 1。2023 年位列前三的是中国交通建设股份有限公司、中国建筑股份有限公司、中国电力建设集团有限公司，它们在全球最大 250 家国际承包商中分别排在第3 名、第 6 名和第 8 名。总体来看，有 27 家公司进入前 100 名，有 35 家公司排名较 2022 年有所上升，而有 34 家公司排名下降，5 家排名未变，新入选的有 7 家。排名上较快的有中钢设备有限公司、中国航空技术国际工程有限公司、四川公路桥梁建设集团有限公司，分别上升了 74 位、39位和 38 位。排名下降较快的是绿地大基建集团有限公司、天元建设集团有限公司和上海建工集团股份有限公司，排名分别下降了 63 位、38 位和32 位。

其次，入选企业海外市场总营业额在 2005 年是 100.7 亿美元，2022 年为 1179.3 亿美元，占全球最大 250 家国际承包商海外总营业额的 27.5%，比 2021 年下降了 1.1 个百分点。入选全球最大 225/250 家国际承包商的中国企业海外市场营业额的平均值也有较大增长，特别是在 2006～2009 年呈现高速增长，其中，2008 年增长 90.5%。2004 年入选全球最大 225/250 家国际承包商的中国企业海外市场营业额的平均值仅为 1.8 亿美元，2022 年增长为 14.6 亿美元，表明中国对外承包工程企业的单个规模在不断壮大。

最后，2022 年入选全球最大 250 家国际承包商的中国公司在不同区域的市场表现上有所差异，从中国公司的营业额占比来看，非洲市场占比为63%，亚洲市场占比为 54.2%，中东市场占比为 35.6%。

表3-5 2005~2022年全球最大225/250家国际承包商中的中国企业的海外业务状况

年份		2005	2006	2007	2008	2009	2010	2011	2012	2013	2014	2015	2016	2017	2018	2019	2020	2021	2022
公司数量	(个)	46	49	51	50	54	51	52	55	62	65	65	65	69	76	74	78	79	81
海外市场营业额占比	(亿美元)	100.7	162.9	226.8	432.0	505.7	570.6	627.1	670.7	790.1	896.8	936.7	987.2	1140.9	1189.7	1200.0	1074.6	1129.5	1179.3
	(%)	5.3	7.3	7.3	11.1	13.2	14.9	13.8	13.1	14.5	17.2	19.3	21.1	23.7	24.4	25.4	25.6	28.4	27.5
中东占比	(亿美元)	13.3	19.8	34.8	50.5	83.9	100.1	112.7	93.1	137.8	151.5	131.2	134.2	164.4	171.4	175.7	188.9	194.4	177.8
	(%)	4.7	4.8	5.5	6.5	10.8	13.8	13.6	10.2	16.4	19.2	17.2	16.0	20.2	21.2	24.7	34.0	40.0	35.6
亚洲占比	(亿美元)	50.7	75.6	91.8	137.2	182.1	174.1	225.3	240.0	253.9	282.1	302.1	382.6	481.5	519.9	542.6	443.5	412.7	454.6
	(%)	15.0	18.8	16.6	20.0	24.9	22.7	20.1	17.3	17.3	20.5	25.0	31.8	37.7	40.8	43.4	49.0	55.3	54.2
非洲占比	(亿美元)	32.3	50.8	77.0	215.8	208.0	234.7	233.2	254.9	303.4	350.2	353.8	345.6	373.2	365.7	341.7	294.4	277.4	303.1
	(%)	21.4	28.4	26.9	42.4	36.6	38.7	40.1	44.8	48.7	49.4	54.9	56.2	59.8	60.9	61.9	61.0	59.3	63
欧洲占比	(亿美元)	1.2	5.1	9.9	14.6	16.1	24.4	14.7	16.2	24.8	24.5	33.7	27.2	29.7	42.4	48.8	72.6	115.1	106.8
	(%)	0.2	0.7	1.0	1.3	1.6	2.6	1.4	1.6	2.2	2.5	3.6	2.8	2.9	3.9	4.6	6.9	10.2	9.5
美国占比	(亿美元)	0.6	3.1	3.9	3.2	1.8	3.9	5.5	5.9	7.9	17.6	39.1	19.9	19.1	17.0	22.7	14.1	16.7	73.2
	(%)	0.2	1.1	1.1	0.8	0.5	1.2	1.5	1.3	1.6	3.4	7.3	3.7	3.2	2.7	3.2	2.1	3.3	1.3
加拿大占比	(亿美元)	0.0	0.2	0.4	0.1	0.5	0.0	0.0	0.0	2.9	2.1	1.8	0.7	39.9	0.96	30.0	24.1	33.8	81.1
	(%)	0.0	0.3	0.5	0.1	0.4	0.0	0.0	0.0	0.8	0.7	0.8	0.4	2.2	0.6	1.5	1.8	1.8	3.4
拉丁美洲和加勒比海地区占比	(亿美元)	2.6	7.8	9.0	10.5	13.5	33.4	35.6	60.5	59.5	68.8	75.1	77.0	69.1	72.33	63.4	45.9	50.4	71.1
	(%)	2.1	4.9	4.2	4.4	5.0	9.8	8.7	12.1	10.5	12.9	13.7	22.8	23	24.3	23.7	21.2	22.9	24.8
海外市场营业额平均值	(亿美元)	2.2	3.3	4.4	8.6	9.4	11.2	12.1	12.2	12.7	13.8	14.4	15.2	16.5	15.7	16.2	13.8	14.3	14.6
总增长率	(%)	14.0	61.8	39.2	90.5	17.1	12.8	9.9	7.0	17.8	13.5	4.4	5.4	15.6	4.3	0.9	-10.5	5.1	4.4

资料来源：ENR。

3.2.3 对外承包工程企业省域分布

表 3-6 是 2016 年中国各省份对外承包工程企业的数量分布情况。根据商务部"走出去"公共服务平台提供的对外承包工程企业数据，2016 年中国有 4064 家企业具有对外承包工程资格。按企业总部所在省份统计，北京市对外承包工程企业最多，有 573 家，占全国总数的 14.1%。对外承包工程企业数量排在第二位、第三位的是江苏和浙江，分别有 471 家和 334 家。对外承包工程企业数量最少的是海南，仅有 1 家。

表 3-6　2016 年中国对外承包工程企业的省域分布

省份	数量	省份	数量	省份	数量
北京	573	浙江	334	海南	1
天津	70	安徽	127	重庆	88
河北	139	福建	62	四川	198
山西	65	江西	116	贵州	33
内蒙古	19	山东	307	云南	104
辽宁	138	河南	161	西藏	6
吉林	75	湖北	128	陕西	109
黑龙江	56	湖南	101	甘肃	37
上海	173	广东	231	宁夏	17
江苏	471	广西	51	新疆	74

资料来源：商务部官网。

总而言之，国际工程承包是一种综合性的、被世界各地广泛采用的国家经济合作方式。随着经济全球化的发展、国际分工合作的深入，以及世界经济的繁荣发展，国际工程承包已经成为世界各地经济合作的一种重要方式。中国的对外承包工程从改革开放初期开始小规模发展，主要承包建筑施工等低端工程。到 21 世纪初，中国的工程建筑技术逐渐提升，加上 2001 年国家把"走出去"战略提升到国家战略层面的高度，中国的对外承包工程开始进入快速发展的黄金期，在国际工程市场中的地位也日益提升。凭借过硬的工程建造技术、优质的服务，中国在国际上获得大量的承包合同订单，广受东道国的好评，为中国经济发展、开展国际经济合作作出了巨大贡献。

3.3 本章小结

本章首先考察了国际工程承包的概况。从营业额来看，全球最大 225 家国际承包商 2000 年的海外市场营业收入仅为 1158.5 亿美元，经过十几年的发展，到 2013 年海外市场营业收入已经达到 5403 亿美元，增长了近 5 倍；受新冠病毒感染疫情的影响，2022 年全球最大 250 家国际承包商的海外市场营业收入下降为 4285 亿美元。从业务区域分布来看，国际工程承包业务集中在亚洲、欧洲和北美，在非洲的业务较少。从行业细分来看，国际工程承包业务主要分布在房屋建筑、交通运输和石油化工等传统行业。其次，本章分析了中国对外承包工程的发展现状，中国对外承包工程的营业额增长迅速，完成营业额从 1990 年的 16.44 亿美元发展到 2022 年的 1549.92 亿美元；中国的对外承包工程业务主要分布在亚洲、非洲和拉丁美洲，在欧洲和北美的业务占比较低；中国对外承包工程以房屋建筑等传统行业为主，在通信、电力、工业、制造业等行业中也取得了较大突破，逐步向资本密集、高新技术方向发展；入选全球最大 250 家国际承包商的中国企业越来越多，平均营业规模也越来越大，2015 年有 65 家中国企业入选全球最大 250 家国际承包商。根据商务部官网数据，2016 年中国有 4064 家企业具有对外承包工程资格，其中北京、江苏、浙江三个省份合计超过 1300 家，占比接近 1/3。

4 中国对外承包工程的投资区位分布

中国对外承包工程经历了 20 世纪 80 年代初到 90 年代中期的缓慢发展探索期、1995~2000 年的成熟发展期以及 2001 年以来的快速发展期，发展规模越来越大。2015 年中国对外承包工程合同金额为 2100.7 亿美元，完成营业额为 1540.7 亿美元，远远大于同期实际使用外资金额的 1262.7 亿美元，也高于对外直接投资的 1456.67 亿美元，对外承包工程已经成为对外经济合作最重要的一种方式，是实施"走出去"战略的重要渠道。中国对外承包工程业务分布在世界近 200 个国家和地区，本章主要研究中国对外承包工程投资区位分布的影响因素。首先分析对外承包工程的洲际和地区分布特征；其次进行投资区位分布的理论和影响机制分析；最后构建实证模型并利用相关数据进行实证回归检验，以期得出有关对外承包工程投资区位分布影响因素的有力结论。

4.1 引言

从合同金额和完成营业额来看，中国对外承包工程的业务规模越来越大，那么，它的投资区位分布是否和现有的国际投资理论一致呢？中国对外承包工程进入国际市场的主要原因是什么，是基于市场的选择还是对东道国制度的考虑，或是对东道国资源要素的考虑？对于以上问题的研究，一方面可以更好地解释当前中国对外承包工程存在的一些特殊现象，另一方面对于中国对外承包工程"走出去"有现实指导意义。

学界早就开始了对对外投资区位的研究，马克思研究了资本主义国家的资本殖民扩张现象，认为对外投资本质上是资本主义在全球范围内的资源掠夺。随着对外投资主体和投资方式的不断变化，对外投资的理论也在不断改进，用于解释当时的对外投资现象。对外投资区位选择一直是学者研究的热点问题，特别是1990年以来的经济全球化的发展大趋势，使学者们更为关注对外投资。国内外学者主要针对发达国家的对外投资做了翔实的研究，形成了一系列的文献成果。

国外学者研究对外投资区位分布主要考虑的是东道国的宏观经济发展状况，例如，Hennart和Park（1994）研究了东道国的经济规模对外国直接投资的影响，认为可观的市场规模是外国资本进入的重要影响因素。Bevan和Fennema（2004）的研究也有类似的观点，他们发现人均GDP越高的国家越容易吸引外国的直接投资。有些学者则研究东道国的对外开放程度对外国直接投资的影响，例如，Harms和Ursprung（2002）、Jensen（2003）以及Busse和Hefeker（2007）利用对外贸易的自由程度衡量一个国家的经济开放度，研究证明，经济开放度高的国家更容易受到外国资金的青睐，其所吸引的外国直接投资的规模更大。另外一些学者研究了东道国的资源等因素对对外投资的影响，例如，Mina（2007）通过研究东道国的自然资源状况，发现原油、矿产等自然资源是吸引外国投资的有利因素。也有学者从人力资本的视角研究了对外投资的区位分布，研究认为，他国对OECD成员的投资，很多是被这些成员雄厚的人力资本所吸引。还有一些学者研究了东道国的基础设施对外国投资的吸引，例如，Fung等（2006）研究了东道国的铁路和公路等基础设施的完善情况对外国投资的吸引，结果发现，东道国的基础设施越完善越容易吸引国外投资。

国内学者也对对外投资的区位分布做了不少研究，主要是研究中国对外直接投资的区位分布，大多采用实证研究的方式，基于东道国的宏观经济因素展开研究。程惠芳和阮翔（2004）选择32个样本国家研究了中国对外直接投资区位分布的影响因素，结果表明，投资的东道国的经济规模、经济发展水平与中国对外直接投资不是正相关的，中国更趋于向与自己的经济规模和经济发展水平相似的国家投资，即两国的经济规模和发展水平差距越小，那么两国之间的投资就越多。刘凤根（2009）除了考察东道国市场、东道国的人力成本，还特别加入了教育水平这个指标，结果显示，东道国国民受教育的程度与中国对东道国的投资额正相关，中国的对外直接投资额与东道国的人力成本成反比。祁毓和王学超（2012）考察了劳动成本对中国对外直接投资的影响，选取 152 个国家 2003~2009 年的数据，构建面板数据模型，结果表明，发达国家和发展中国家的劳工标准对中国对外直接投资的影响完全不同，具体来说，发达国家的高劳工标准和发展中国家的低劳工标准均对中国的对外直接投资有吸引力，但是中国更倾向于投资劳工标准低的发展中国家。

国内也有一些学者基于东道国的制度因素研究中国对外直接投资的区位分布。韦军亮和陈漓高（2009）认为东道国的政治风险是对外直接投资一个非常重要的影响因素，利用 73 个国家 2003~2006 年的数据进行实证检验，结果表明东道国的政治风险对中国的非金融类直接投资有较大的抑制作用，因此，如果企业不考虑东道国的政治风险，盲目对那些存在较高政治风险的国家进行投资，很可能面临失败。陈松和刘海云（2012）研究了东道国的治理水平对中国对外直接投资的影响，他们选取中国在 2007~2009年直接投资的 75 个国家为样本，利用面板回归模型进行检验，结果显示中国对外直接投资更多的是流向那些治理水平比较低的国家，投资的风险往往也比较大。谢孟军（2014）利用 35 个国家 1996~2012 年的数据，对制度距离（包括政治、经济、法律制度）与中国对外直接投资的关系进行实证分析，结果表明，制度距离是中国对外直接投资的阻碍因素，即中国对制度距离较远的国家更多的是进行出口贸易，而对制度距离较近的国家，中国比较有可能进行对外投资。

已有文献大多从东道国的经济、地理以及制度方面考察了中国对外直接投资的影响因素，而对对外承包工程投资区位选择的研究还很少，仅有为数不多的文献涉及对外承包工程，例如，王文治和扈涛（2014）以 56 个亚非拉国家为样本，研究中国对外承包工程投资区位的影响因素，但是，他们的研究也存在一些不足。首先，中国在将近 200 个国家和地区承包工程，仅以几十个亚非拉国家为样本，样本容量明显不足；其次，他们的研究没有严谨的理论分析过程，主要是实证研究，缺少影响机制分析。基于此，本章将基于投资区位分布相关理论基础，把研究样本扩展到 148 个国家（地区），分析中国对外承包工程的投资区位分布主要受哪些因素的影响，以期对当前中国承包工程"走出去"的区位分布给予更加客观的解释。

4.2 对外承包工程投资区位分布

4.2.1 洲际分布特征

图 4-1 显示了 2015 年中国对外承包工程在各个洲的营业额的占比情况。排在首位的是亚洲，占比为 44.83%，营业额几乎占了总营业额的一半，主要是因为中国身处亚洲，与其他亚洲国家在地缘上较接近，同时亚洲绝大部分是发展中国家，这些国家正在迅速崛起，需要建设很多大型工程项目，因此中国就有机会在这些国家承包到工程项目。排在第二的是非洲，占比为 35.56%；排在第三的是拉丁美洲，占比为 10.64%；欧洲仅占 5.70%；北美洲和大洋洲及太平洋岛屿占比最少，总共还不到 4%。这主要因为欧洲、北美洲和大洋洲岛屿以经济发达的国家为主，这些国家的工程建设已经过了高峰期，新开发建设的工程项目较少。

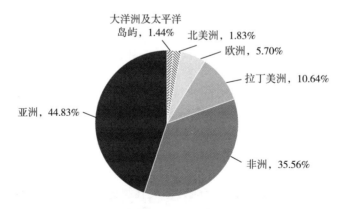

图 4-1　2015 年中国对外承包工程完成营业额的洲际分布

资料来源：《中国统计年鉴 2016》。

4.2.2　地区分布特征

表4-1是2015年中国对外承包工程完成营业额排名前二十的国家（地区）的情况，总共完成的营业额为846.52亿美元。其中，完成营业额最多的是阿尔及利亚，为824061万美元，占总完成营业额的5.35%；沙特阿拉伯、埃塞俄比亚分别排在第二和第三位，完成营业额分别为701812万美元和589402万美元，分别占总完成营业额的4.56%和3.83%。除了美国以及来自南美洲的厄瓜多尔和委内瑞拉，其他17个国家（地区）都来自亚洲和非洲，其中10个是亚洲国家（地区），7个是非洲国家（地区）。

表4-1　2015年中国对外承包工程完成营业额排名前二十的国家（地区）

序号	国家（地区）	对外承包工程完成营业额（万美元）	占总完成营业额的比例（%）
1	阿尔及利亚	824061	5.35
2	沙特阿拉伯	701812	4.56
3	埃塞俄比亚	589402	3.83
4	巴基斯坦	516289	3.35
5	安哥拉	495275	3.21
6	委内瑞拉	494205	3.21
7	印度尼西亚	481528	3.13
8	中国香港	402744	2.61
9	伊拉克	397661	2.58
10	肯尼亚	384569	2.50
11	马来西亚	356227	2.31
12	新加坡	354079	2.30
13	越南	352317	2.29
14	尼日利亚	348142	2.26
15	厄瓜多尔	328837	2.13
16	老挝	321606	2.09
17	刚果（布）	297587	1.93
18	泰国	281007	1.82
19	美国	270429	1.76

续表

序号	国家（地区）	对外承包工程完成营业额（万美元）	占总完成营业额的比例（%）
20	印度	267458	1.74
21	合计	8465235	54.96

资料来源：《中国统计年鉴2016》。

表4-2是2015年中国对外承包工程完成营业额在人口总量排名前十的国家的情况。人口总量排名前十的国家（除中国外）的人口总数为30.28亿人，中国对外承包工程在这些国家完成的总营业额为256.7亿美元，仅占总完成营业额的16.68%。其中，印度人口最多，但是中国对外承包工程完成营业额只有267458万美元，仅占总完成营业额的1.74%。中国对外承包工程在巴基斯坦完成的营业额最多，占比为3.35%；印度尼西亚紧随其后，占比为3.13%；除了墨西哥和日本，中国对外承包工程在其余8个国家完成营业额的占比均超过1%；中国对外承包工程在日本完成的营业额最少，仅占0.29%。

表4-2　2015年中国对外承包工程完成营业额在人口总量排名前十的国家的情况

序号	国家	人口总数（人）	对外承包工程完成营业额（万美元）	占总完成营业额的比例（%）
1	印度	1311050527	267458	1.74
2	美国	321418820	270429	1.76
3	印度尼西亚	257563815	481528	3.13
4	巴西	207847528	202023	1.31
5	巴基斯坦	188924874	516289	3.35
6	尼日利亚	182201962	348142	2.26
7	孟加拉国	160995642	175184	1.14
8	俄罗斯	144096812	171440	1.11
9	墨西哥	127017224	90219	0.59
10	日本	126958472	44346	0.29
11	合计	3028075676	2567058	16.68

资料来源：《中国统计年鉴2016》。

表4-3显示了2015年中国对外承包工程在主要发达国家的完成营业额，这里仅统计亚洲的日本、韩国、新加坡，欧洲的德国、英国、法国、意大利、西班牙，北美的美国和加拿大，以及大洋洲的澳大利亚和新西兰。2015年中国对外承包工程在这12个国家的完成营业额为118.23亿美元，仅占总完成营业额的7.69%。其中，中国对外承包工程在新加坡的完成营业额最多，为354079万美元，占总完成营业额的2.3%。除新加坡外，中国对外承包工程的完成营业额占比超过1%的只有美国和法国，分别为1.76%和1.2%。可见，中国在发达国家承包的工程较少。一方面，因为发达国家的工程建设已经过了高峰期，新开工建设的工程较少，中国企业就难以承包到更多的工程项目；另一方面，可能是因为中国的工程建筑技术与发达国家的相比还有一定差距，因此，新开工建设的工程也没有向中国企业招标。

表4-3 2015年中国对外承包工程在主要发达国家的分布

序号	国家	对外承包工程完成营业额（万美元）	占总完成营业额的比例（%）
1	日本	44346	0.29
2	新加坡	354079	2.30
3	韩国	27393	0.18
4	西班牙	6561	0.04
5	意大利	14498	0.09
6	英国	84736	0.55
7	德国	52252	0.34
8	法国	184421	1.20
9	加拿大	10663	0.07
10	美国	270429	1.76
11	澳大利亚	121217	0.79
12	新西兰	11749	0.08
13	合计	1182344	7.69

资料来源：《中国统计年鉴2016》。

4.3 对外承包工程投资区位分布的影响因素分析

影响资本跨界流动的因素主要包括市场、资源要素、制度、基础设施等。一个国家市场规模的大小、资源要素是否丰富、制度是否完善、局势是否稳定直接影响其对外商投资的吸引力。如果一个国家政治稳定、拥有高效率的政府，那么可以给资本的投资提供政治保障；制度的合理安排可以有效降低资本运营的成本，促进社会安全、高效运行；完善的法律制度和健全的经济制度可以确保经济环境公平，对社会犯罪给予应有的惩罚，可为经济正常运行提供法律保障，有利于外来资本的有序投资；丰富的资源也是吸引资本的一个有利条件，如果一个国家拥有丰富的自然资源和人力资源，那么外资投资就可以使用当地的自然资源和人力资源；市场也是影响资本流动的另一个重要因素，一个拥有成熟的、规模容量较大的市场的国家更容易吸引外资投资。以上仅仅是对资本跨境流动原因的简单分析，对外承包工程是一种综合性的国际经济合作，它不仅涉及资金的跨界流动，还涉及技术、管理以及劳动力的合作。但是，对外承包工程的主体仍然是企业个体，追逐利润仍然是企业承包工程的主要目标，因此，笔者仍然围绕资本跨界流动来分析对外承包工程投资区位分布的影响因素。

（1）市场规模。对外承包工程企业都是跨国运营公司，跨国公司的投资偏好市场规模较大的国家，这已经被众多学者所研究并证实（Cunningham，1975；Schneider and Frey，1985）。一方面，市场规模较大的国家可以给公司带来更多的投资机遇，提供更多的商机；另一方面，市场规模大就容易产生规模经济，公司容易获得规模经济收益，这也符合企业追求利益最大化的原则。因此，市场规模的大小是对外承包工程企业投资区位选择的一个重要影响因素。随着各种经济一体化次区域的建立，市场规模不再单指东道国的市场规模，因为区域内国家之间的障碍、壁垒已经被消除，区域内的国家基本上拥有整个区域内的市场规模。例如，一家公司在越南投资，那么它面对的市场可能不仅仅是越南本身，而是整个东盟区域。因此，区域集团内的市场规模也是影响企业投资的重要因素，尤其是对市场寻找型的投资影响更大（Broadman and Sun，1997）。

（2）资源要素。资源要素包括自然资源和人力资源。传统对外投资理论认为，战略资源寻求型投资是投资者利用竞争者所不具有的独特资源获利，为了获得东道国丰富廉价的自然资源、技术、发达的营销网络等战略性资源。Mathews（2006）研究了新兴国家的对外投资，结果发现，新兴国家对外投资的动因之一是获取东道国的战略性资源，从而壮大自己的实力。中国也存在为获取东道国的自然资源而投资的情况，如对外承包工程"以工程换资源"，即中国在资源丰富的中东、非洲、拉丁美洲、欧洲、大洋洲等地区承建石油、天然气、矿业等大型工程项目，工程项目的建设提高了东道国的资源开发能力，东道国把开发的能源、资源卖给中国或者利用资源来抵销工程款。中冶集团承包了刚果（金）SICOMINES 铜钴矿全部工程项目，该项目是采用"资源换项目"模式的合作项目，使中国获得了东道国丰富廉价的自然资源。然而，为获取东道国的自然资源仅是中国对外承包工程投资一个很小的原因。

人力资源也是影响对外投资区位分布的一个重要因素。劳动力成本是跨国企业不得不考虑的因素，廉价的劳动力可以降低产品的成本，使产品在东道国更具竞争力。另外，劳动者的受教育程度也是企业投资的重要影响因素，一个国家的劳动者受教育的程度越高，劳动者所具备的知识技能就越多，这个国家的人力资本就越丰富，丰富的人力资本已经成为经济增长的重要动力，也是吸引国外投资的重要"法宝"。工程建设不仅需要简单的劳动力，更需要优秀的技能人才，因此，中国企业在承包国外工程时也会考虑在东道国的人力资源的成本。

（3）基础设施因素。基础设施包括公路、铁路、机场、航运等交通基础设施，以及电话、网络等信息基础设施。完善的交通基础设施可以降低运输成本，方便企业原材料和产品的运输，提升产品的时效性。在通信技术飞速发展的当下，通信基础设施对投资国外的企业来说非常重要，完善的信息基础设施可以为企业提供信息共享平台，这为跨国投资经营企业带来信息优势。东道国的基础设施对中国对外承包工程投资区位分布的影响较为复杂：一方面，完善的基础设施确实降低了企业的投资运营成本，增强了企业的投资意愿；另一方面，完善的基础设施也意味着一个国家的工程建设项目已经比较成熟，需要开建的工程项目就少了，因此，中国的承包企业就难以在这个国家承建工程项目。

（4）制度因素。传统的对外投资研究，较少考虑制度因素的影响。制度因素既包括政治制度、法律制度、经济制度等正式制度；也包括人们在经济、生产生活过程中形成的、普遍被认可的行为准则，如宗教信仰、价值观念等，它们统称为非正式制度。稳定透明的政治制度使政府政策具有连贯性，企业可以避免由于政府政策的变动而造成的经济损失。同时，高效、透明、廉洁的政治制度可以降低因政府腐败而产生的额外成本，减少行政审批流程和手续，避免因腐败造成的政局动荡使企业面临停业的风险。健全的法律制度可以给企业提供坚实的法律保障，如果企业之间或者企业与个体之间发生了经济纠纷，健全的法律制度就可以提供一个公平、有效的解决办法。Habib 和 Zurawicki（2002）研究发现，一个国家的对外投资同其与东道国的制度距离呈反比例关系，也就是说，企业更倾向于向与自己所在国家的制度相当的国家投资。经济制度是经济活动的规范，经济制度明确且规范意味着企业的交易成本会较低，可以为投资营造一个良好的环境，因此，有效、透明的经济制度可以促使外资的投入，即企业会选择向经济制度规范、有效的国家投资。对外承包工程的投资区位分布也同样受到这些因素的影响。

通过以上分析，笔者提出本章的第一个假说。

假说 4-1：东道国的经济规模对中国的对外承包工程有吸引作用，即东道国的经济规模与中国对外承包工程正相关。

东道国的经济规模越大意味着工程建设的规模就越大，学者通常用 GDP 的大小来衡量经济规模的大小。一个 GDP 较高的国家，经济支付能力较强，投资建设基础设施工程、住房工程或者其他非营利性工程项目有明显的优势，而 GDP 较低的国家要么是小国家，要么是经济不发达的国家，不具备建设大规模工程的优势。对于承包商来说，在一个经济规模较大的国家承包工程较容易获得规模经济收益，因为在经济规模较大的国家承包工程容易产生集聚效应。如果一个项目能顺利展开并获得利润，后续再在这个国家承包工程就能省掉很多额外的支出，因此，东道国的经济规模对中国对外承包工程的投资区位分布有正向的影响作用。

假说4-2：东道国的自然资源禀赋对中国对外承包工程的投资区位分布有正向影响，人力资源禀赋与中国对外承包工程完成营业额正相关。

中国对外承包工程有一部分以"资源换项目"的形式"走出去"。一方面，中国在20世纪90年代末提出了充分利用国内国际两种资源、两个市场的战略方针，一些经济发展落后的国家自然资源比较丰富，愿意采用"以资源换工程"的方式同中国合作，即东道国以资源的开发权作为交换，中国帮助东道国进行基础设施建设，从而实现优势互补、互利共赢。另一方面，东道国的自然资源丰富，希望通过大型工程开发资源进而通过贸易获得资金，而中国在资源采掘方面具有世界领先的技术，如中国有色矿业集团有限公司、中国化学工程股份有限公司等在相关工程建设领域拥有先进技术，因此，中国在自然资源丰富的国家更有可能承包到工程建设项目。

除自然资源的影响外，人力资源禀赋也与中国对外承包工程的完成营业额呈正相关关系。在具备丰富人力资源的国家中，中国企业能以较低的成本获取劳动力，从而有效降低工程项目的整体成本。这种成本优势有助于提升中国企业在国际市场上的竞争力，尤其是在劳动密集型工程项目中体现得更为显著。因此，在人力资源充裕且劳动力成本较低的国家中，中国企业更容易承揽工程项目，进而提升完成营业额。

假说4-3：完善的基础设施将降低企业的运营成本，吸引国外工程承包企业的进入；另外，国家的基础设施完善也意味着其工程建设已经过了高峰期，对工程承包业务发展有抑制作用。因此，基础设施对对外承包工程投资区位分布的影响是不确定的。

完善的基础设施通常能够降低企业的运营成本，这为国外工程承包公司进入该市场创造了有利条件。较低的运输、物流和通信成本使工程项目的执行更加高效，提高了项目的盈利性，因而吸引了更多的外资企业进行投资。然而，完善的基础设施也可能意味着该国的工程建设需求已经达到或接近饱和状态，新的大型基础设施项目数量减少，这会对工程承包业务的发展产生抑制作用。因此，基础设施的完善程度对中国对外承包工程的投资分布可能存在双重影响。由于这两个相互矛盾的因素，基础设施对对外承包工程投资分布的总体影响是复杂且不确定的。

假说4-4：（a）东道国高质量的经济制度对中国对外承包工程更有吸引力；（b）税收、金融融资制度的完善对中国对外承包工程有很大的支持作用，对中国对外承包工程将有正向影响；（c）自由的对外贸易政策将有利于国家的经济开放，因此对中国对外承包工程产生正向影响；（d）廉洁的政府制度意味着政府的效率更高，因此政府制度将促进中国对外承包工程的发展。

制度分为多种，本章主要考察经济制度、税收制度、金融融资制度、对外贸易制度等对中国对外承包工程的影响。完善的经济制度有利于整个国家经济的平稳运行，高质量的经济制度也意味着经济市场运行的自由度较高，市场障碍、壁垒较少。因此，高质量的经济制度可为国际工程承包企业提供良好的经济环境，中国的对外承包工程企业也会愿意在这样的国家承包工程建设项目。税收制度、金融融资制度也关乎工程建设的开展，工程建设特别是大型的工程建设需要雄厚的资金支持，如果东道国的税收制度、金融制度不完善，未能及时给工程建设提供资金，工程建设将面临停工甚至烂尾的局面，因此，国际承包商在决定是否承包该项项目前，会慎重考虑东道国的税收制度、金融融资制度。东道国对外贸易制度的质量主要看东道国的对外贸易政策，一个国家如果实行的是自由的贸易政策，那么这个国家与其他国家的经济、文化往来将会非常频繁，一个经济开放的国家对工程承包也将是开放的，因此，高质量的对外贸易制度将促进对外承包工程的投资分布。廉洁的政府制度能在承包工程的各方出现纠纷时提供公平、有效的解决方案，因此，东道国廉洁的政府制度将吸引国外的资本投资，对中国对外承包工程的投资也将产生促进作用。

4.4 实证模型构建与数据描述

4.4.1 变量的选取和实证模型

基于以上分析，本章选取有中国对外承包工程业务的国家为研究样本，剔除对外承包工程完成营业额很小的一些国家，以及一些难以获得准确数据的国家，如朝鲜、古巴、叙利亚，最后剩下 148 个国家（地区）作为本章的研究样本。中国与这些国家签订的承包工程的合同数量和金额均占总量的99%以上，研究期间为 2002～2015 年。以下先对实证回归的各个变量进行描述说明，然后构建本章的实证模型。

4.4.1.1　被解释变量

对外承包工程（FCP）投资分布，表示当年中国在东道国承包的工程，笔者用中国对外承包工程完成营业额表示。

4.4.1.2　解释变量

根据前文的分析，这里将解释变量分为四类，即经济规模、资源要素、基础设施和制度因素。

（1）经济规模用东道国的经济总量（GDP）表示。经济总量越大意味着这个国家整体的经济实力越强，总体支付能力越强，预期其对对外承包工程的影响为正。为了检验东道国的经济发展水平对中国对外承包工程的影响，笔者还加入了人均 GDP（PGDP）作为经济发展水平的衡量变量，东道国人均 GDP 水平越高表明东道国的经济发展水平越高，它的工程建设支付能力就越强，因此对工程建设有正向影响；但经济发展水平越高意味着工程建设可能越少，因为工程建设已经过了高峰期，因此，其对对外承包工程的影响不确定。

（2）资源要素包括自然资源和人力资源两个方面。自然资源用自然资源总租金（Resource_T）表示，自然资源总租金是指石油租金、天然气租金、煤炭（硬煤和软煤）租金、矿产租金和森林租金的总和占 GDP 的比例。人力资源（HR）用劳动力占总人口的比例表示，人力资源丰富的国家将给企业带来廉价的劳动力资源，有利于承包商在工程承包中获得利润。

（3）制度因素方面。经济制度用营商环境（BE）即开办企业的成本占人均国民收入的百分比表示，比例越高说明经济制度越不完善；相反则说明东道国的经济制度较完善，企业的营商环境较好。税收制度（FP）用税收收入占国内生产总值的比例表示，税收收入越高，意味着企业的负担越重，越不利于外商的投资，对外承包工程投资也会受到负面的影响。金融融资制度（FE）用私营部门的国内信贷占 GDP 的百分比表示，私营部门的国内信贷占比越高说明金融融资环境越好，可为企业的发展提供融资保障，因此对承包工程有积极作用。对外贸易制度用贸易关税壁垒（TTB）和非关税壁垒（NTTB）表示。其中，关税壁垒用所有产品加权平均适用海关税率表示，关税越高，说明贸易越不自由，对外贸易制度越不完善；非关税壁垒用出口文件表示，即每批出口货物所需的所有文件，出口文件的数量越多说明自由贸易程度越低，对外贸易制度越不完善。政府制度用清廉指数（IST）表示，清廉指数由透明国际每年发布，是根据企业界及民众对政府贪污情况的感受整合出来的指数，清廉指数越高说明政府越廉洁、高效，对国外投资的吸引力越强，因而预期清廉指数与中国对外承包工程投资分布正相关。

（4）基础设施因素方面。信息基础设施用互联网用户（NET）和电话线路数量（TELL）表示，互联网用户指每 100 人的互联网用户数量，电话线路数量是每 100 人所拥有的电话线路数量，互联网用户和电话线路数量越大，说明东道国的通信基础设施越完善。交通基础设施包括公路、铁路、海上航运和航空运输等，但是由于公路、铁路和海上航运的数据缺失较多，难以获得全面的数据，只有航空数据比较全，因此用航空货运量（CARGO）表示，航空货运量越大表示交通基础设施越完善。另外，海关手续负担（Customs_B）也可以反映东道国基础设施的完善程度，海关手续负担是由世界经济论坛（WEF）制定，用于衡量一个国家的海关效率（它的取值范围为 [1，7]，1 = 效率极低，7 = 效率极高），一个国家的海关效率越高说明它的基础设施越完善，因此，预期它对中国对外承包工程投资分布的影响为负。

4.4.1.3　其他控制变量

除了解释变量，本章还加入了一些控制变量，以防实证回归结果有偏。本章将东道国经济开放度（OPEN）、两国主要城市之间的距离（DIS）、东道国的外商直接投资（FDI）作为控制变量。东道国经济开放度（OPEN）用外贸依存度表示，即 OPEN =（货物和服务的进口总额+货物和服务的出口总额）/GDP 总额×100%。两国主要城市之间的距离（DIS）是按照贸易双方经纬度计算的主要城市的球面距离。东道国的外商直接投资（FDI）用外国直接投资净流入占 GDP 的百分比表示。

为了验证以上因素对中国对外承包工程投资区位分布的影响，建立以下多元线性回归方程，用于验证经济规模、资源要素、基础设施以及制度因素的影响，如式（4-1）至式（4-4）所示。

$$\ln(FCP_{it}) = C + \alpha_1 \ln GDP_{it} + \alpha_2 \ln PGDP_{it} + \alpha_3 \ln HR_{it} + \alpha_4 \ln Resource\_T_{it} +$$
$$\sum \gamma_j Control_{it} + \varepsilon_{it} \qquad (4-1)$$

$$\ln(FCP_{it}) = C + \beta_1 \ln NET_{it} + \beta_2 \ln TELL_{it} + \beta_3 \ln CARGO_{it} + \beta_4 \ln CUSF_{it} +$$
$$\sum \gamma_j Control_{it} + \varepsilon_{it} \qquad (4-2)$$

$$\ln(FCP_{it}) = C + \delta_1 \ln BE_{it} + \delta_2 \ln FP_{it} + \delta_3 \ln FE_{it} + \delta_4 \ln TTB_{it} + \delta_5 \ln NTTB_{it} +$$
$$\delta_6 \ln IST_{it} + \sum \gamma_j Control_{it} + \varepsilon_{it} \qquad (4-3)$$

$$\ln(FCP_{it}) = C + \alpha_1 \ln GDP_{it} + \alpha_2 \ln PGDP_{it} + \alpha_3 \ln HR_{it} + \alpha_4 \ln Resource\_T_{it} +$$
$$\beta_1 \ln NET_{it} + \beta_2 \ln TELL_{it} + \beta_3 \ln CARGO_{it} + \beta_4 \ln Customs\_B_{it} +$$
$$\delta_1 \ln BE_{it} + \delta_2 \ln FP_{it} + \delta_3 \ln FE_{it} + \delta_4 \ln TTB_{it} + \delta_5 \ln NTTB_{it} +$$
$$\delta_6 \ln IST_{it} + \sum \gamma_j Control_{it} + \varepsilon_{it} \qquad (4-4)$$

4.4.2　数据说明和描述性统计

根据数据的可获得性，本章选取 148 个国家（地区）2001～2015 年的数据。其中，对外承包工程的数据来自历年《中国统计年鉴》；各国 GDP、人均 GDP、东道国经济开放度、东道国的外商直接投资、自然资源总租金、人力资源、航空货运量、互联网用户、电话线路数量、海关手续负担、营商环境、税收制度、金融融资制度、产品加权平均适用海关税率、贸易非关税壁垒的原始数据均来源于世界银行的 WDI 数据库；清廉指数来源于透明国际网站；两国主要城市之间的距离来源于法国的 CEPII 数据库。各变量的描述性统计结果如表 4-4 所示。

表 4-4　变量的描述性统计结果

变量名称	均值	方差	最小值	中位数	最大值
对外承包工程（百万美元）	483.60	990.60	0.02	91.31	8241
经济总量（亿美元）	3874	13901	3.38	353	165974
人均 GDP（美元）	12446	17465	194.2	4380	91594
东道国经济开放度	0.68	0.43	0.12	0.57	4.20

变量名称	均值	方差	最小值	中位数	最大值
东道国的外商直接投资（%）	5.09	8.71	-43.46	3.11	198.30
自然资源总租金（%）	12.82	16.66	0	5.65	92.02
人力资源（%）	62.40	7.05	46.95	64.14	85.96
航空货运量（百万吨/千米）	974	3603	0	31.34	40618
互联网用户（户/100 人）	27.61	27.51	0	16.68	96.81
电话线路数量（条/100 人）	17.33	17.71	0.01	11.26	74.40
海关手续负担	3.99	0.87	1.39	3.90	7.00
营商环境（%）	60.59	135.1	0.01	18.40	1540
税收制度（%）	16.33	9.77	0.21	14.95	132.50
金融融资制度（%）	49.60	46.09	0.49	32.99	253.60
产品加权平均适用海关税率（%）	6.96	5.52	0.01	5.84	33.00
贸易非关税壁垒（件）	6.40	2.42	1.80	6.00	15.00
清廉指数	4.10	2.10	0.80	3.40	9.90
两国主要城市之间的距离（千米）	9010	3922	955.6	8386	19297

4.5 实证结果分析

根据前文构建的实证模型，为了消除异方差和和序列相关带来的影响，笔者运用广义最小二乘法模型（GLS）估计；另外，为了排除在研究的样本区间内发生结构性变化，在实证中加了时间固定效应。表 4-5 是东道国的经济规模和资源要素对中国对外承包工程投资区位分布影响的回归结果。表 4-5 中模型（1）只有控制变量，模型（2）加了变量经济总量和人均 GDP，模型（3）加了变量人力资源，模型（4）加了变量自然资源，模型（5）加了全部的经济要素、资源要素和控制变量。从模型（5）的结果可以看到，经济开放度（OPEN）的回归系数为正，两国主要城市之间的距离（DIS）的回归系数为负，而且在 1% 的显著性水平上显著，与预期一致。经济总量（GDP）的回归系数为正，即东道国的经济规模可以促进中国的对外承包工程投资，这与理论分析完全一致，验证了假说4-1。人均生产总值（PGDP）的回归系数为负，即东道国的经济发展水平与中国的对外承包工程投资负相关，表明中国的对外承包工程投资偏向于经济发展水平比较低的国家。人力资源（HR）和自然资源总租金（Resource_T）的回归系数均为正，且通过了1%的显著性水平检验，表明东道国的自然资源禀赋对中国对外承包工程的投资区位分布有正向影响，人力资源的禀赋与中国对外承包工程营业完成额正相关，因此，回归结果也验证了假说4-2。

表4-5　东道国的经济规模与资源要素对中国对外承包工程投资区位分布的影响

变量	模型（1）	模型（2）	模型（3）	模型（4）	模型（5）
经济开放度（OPEN）	0.270 (1.50)	0.622*** (5.27)	0.162 (1.34)	0.368*** (3.25)	0.318*** (2.93)
两国主要城市之间的距离（DIS）	-1.357*** (-12.90)	-0.658*** (-6.73)	-1.259*** (-12.28)	-1.346*** (-12.79)	-0.610*** (-5.91)
东道国的外资直接投资（FDI）	-0.008 (-0.35)	0.005 (0.87)	-0.0085 (-1.36)	-0.007 (-1.07)	0.005 (0.95)
经济总量（GDP）		0.657*** (21.987)			0.731*** (23.58)
人均生产总值（PGDP）		-0.698*** (-15.86)			-0.935*** (-16.65)
人力资源（HR）			-0.0002 (-0.02)		0.041*** (3.72)
自然资源总租金（Resource_T）				0.037*** (11.61)	0.029*** (8.97)
常数项	21.120*** (22.45)	16.79*** (17.88)	22.32*** (16.59)	19.94*** (20.98)	15.38*** (13.69)
时间固定效应	是	是	是	是	是
N	2044	2044	2044	2044	2044

注：*、**、***分别表示在10%、5%、1%的显著性水平上显著，括号内为Z值。

表4-6是检验东道国基础设施对中国对外承包工程投资区位分布影响的回归结果。模型（2）～模型（5）检验单个基础设施变量的影响，模型

（6）加入了全部的基础设施变量。从模型（6）的回归结果可以看到，互联网用户（NET）的回归系数为负，且在1%的显著性水平上显著，电话线路数量（TELL）的回归系数也为负，并且通过了10%的显著性水平检验，因此，东道国的信息基础设施水平与中国对外承包工程的投资区位分布负相关。航空货运量（CARGO）的回归系数为负，而且在1%的显著性水平上显著，海关手续负担（Customs_B）的回归系数为正，并且在1%的显著性水平上显著。因为海关手续负担越大说明基础设施水平越低，所以这两个变量的回归结果表明东道国的交通基础设施水平与中国对外承包工程的投资区位分布负相关，说明中国对外承包工程的投资区位分布与东道国的基础设施水平负相关，即中国对外承包工程的投资偏向基础设施比较落后的国家。

表4-6 东道国的基础设施对中国对外承包工程投资区位分布的影响

变量	模型（1）	模型（2）	模型（3）	模型（4）	模型（5）	模型（6）
东道国经济开放度（OPEN）	0.131 (1.08)	0.259** (2.13)	0.033 (0.265)	0.138 (1.09)	0.052 (0.38)	0.055 (0.43)
两国主要城市之间的距离（DIS）	-1.283*** (-12.76)	-1.265*** (-12.92)	-1.311*** (-12.78)	-1.056*** (-9.98)	-1.353*** (-12.99)	-1.351*** (-14.37)
东道国的外资直接投资（FDI）	-0.007 (-0.33)	-0.008 (-1.02)	-0.010 (-1.51)	-0.006 (-0.95)	-0.009 (-1.30)	-0.010 (-1.37)
互联网用户（NET）		-0.195*** (-6.11)				-0.823*** (-16.55)
电话线路数量（TELL）			-0.196*** (-5.98)			-0.132* (-1.52)
航空货运量（CARGO）				-0.161*** (-8.91)		-0.218*** (-13.75)
海关手续负担（Customs_B）					1.337*** (5.62)	2.285*** (9.81)
常数项	25.09*** (26.25)	19.68*** (21.67)	22.08*** (23.051)	18.75*** (19.81)	23.78*** (20.16)	21.67*** (25.98)
时间固定	是	是	是	是	是	是
N	2044	2044	2044	2044	2044	2044

注：*、**、***分别表示在10%、5%、1%的显著性水平上显著，括号内为Z值。

　　表4-7是东道国的制度因素对中国对外承包工程投资区位分布影响的回归结果。从模型（6）的回归结果可以看到，营商环境（BE）的回归系数为负，而且通过了1%的显著性水平检验，表明东道国良好的经济制度可以促进中国的对外承包工程投资，这验证了假说4-4（a）。税收制度（FP）的回归系数为负，即税收负担越重越不利于吸引中国对外承包工程投资。金融融资制度（FE）的回归系数为正，并且通过了5%的显著性水平检验，即金融融资制度越好越容易获得融资，有利于中国对外承包工程的投资，因此验证了假说4-4（b）。贸易关税壁垒（TTB）的回归系数为负，但是没有通过显著性水平检验，贸易非关税壁垒（NTTB）的回归系数为负，而且在10%的显著性水平上显著，因此验证了假说4-4（c）。清廉指数（IST）的回归系数为正，而且在1%的显著性水平上显著，回归结果与假说4-4（d）的分析预期一致。这是因为，一方面，廉洁的政府制度能在承包工程的各方出现纠纷时提供公平、有效的解决方案；另一方面，一个国家拥有廉洁的政府制度，其发生战争、内乱的可能性较低，有利于国际工程承包业务的开展。因此，廉洁的政府制度对中国对外承包工程的投资区位分布有正向影响。

表4-7　东道国的制度因素对中国对外承包工程投资区位分布的影响

变量	模型（1）	模型（2）	模型（3）	模型（4）	模型（5）	模型（6）
东道国经济开放度（OPEN）	-0.167 (-1.31)	-0.021 (-0.37)	-0.141 (-1.09)	-0.151 (-1.05)	-0.039 (-0.37)	-0.081 (-0.72)
两国主要城市之间的距离（DIS）	-1.228*** (-11.96)	-1.190*** (-13.35)	-1.313*** (-11.99)	-1.192*** (-12.69)	-1.311*** (-11.93)	-0.852*** (-7.78)
东道国的外资直接投资（FDI）	-0.009 (-1.26)	-0.011* (-1.59)	-0.008 (-1.09)	-0.009 (-1.19)	-0.007 (-1.05)	-0.0067 (-1.17)
营商环境（BE）	-0.071** (-2.32)					-0.416*** (-10.91)
税收制度（FP）		-0.476*** (-6.85)				-0.535*** (-6.93)
金融融资制度（FE）			-0.123** (-2.26)			0.189** (2.25)
贸易关税壁垒（TTB）				-0.008 (-0.15)		-0.065 (-1.09)

续表

变量	模型（1）	模型（2）	模型（3）	模型（4）	模型（5）	模型（6）
贸易非关税壁垒（NTTB）				0.278 （1.68）		-0.355* （-1.91）
清廉指数（IST）					0.085*** （6.99）	0.088*** （10.51）
常数项	21.37*** （23.02）	21.03*** （22.67）	20.76*** （21.86）	19.93*** （20.21）	21.12*** （22.65）	23.06*** （19.95）
时间固定	是	是	是	是	是	是
N	2044	2044	2044	2044	2044	2044

注：*、**、***分别表示在10%、5%、1%的显著性水平上显著，括号内为Z值。

表4-8是把所有的经济规模变量、资源要素变量、基础设施变量、制度变量以及控制变量加入一个模型中得到的回归结果。从回归结果来看，该结果与前面单个因素的回归结果基本一致，回归系数的符号完全一致，只是系数大小有所差别，这肯定了前面的检验结果，进一步验证了前文的假说。

表4-8 中国对外承包工程投资区位分布所有影响因素的回归结果

变量	回归结果	变量	回归结果
东道国经济开放度（OPEN）	0.305*** （2.69）	航空货运量（CARGO）	-0.065** （-2.61）
两国主要城市之间的距离（DIS）	-0.832*** （-9.16）	营商环境（BE）	-0.149*** （-3.68）
东道国的外资直接投资 （FDI）	0.002 （0.27）	税收制度（FP）	-0.061 （-0.92）
经济总量（GDP）	0.595*** （15.19）	金融融资制度（FE）	0.038* （1.51）
人均生产总值（PGDP）	-0.683*** （-8.71）	贸易关税壁垒（TTB）	0.021 （0.46）
人力资源（HR）	0.033*** （3.59）	贸易非关税壁垒（NTTB）	-0.610*** （-4.19）

变量	回归结果	变量	回归结果
自然资源总租金（Resource_T）	0.021*** （4.95）	清廉指数（IST）	0.422* （2.10）
互联网用户（NET）	−0.686*** （−13.96）	常数项	18.67*** （13.77）
电话线路数量（TELL）	−0.068* （−1.82）	时间固定效应	是
海关手续负担（Customs_B）	0.799*** （3.96）	N	2044

注：*、**、***分别表示在10%、5%、1%的显著性水平上显著，括号内为Z值。

4.6　本章小结

本章研究了中国对外承包工程投资区位分布的影响因素，分析了中国对外承包工程的投资分布特征。从2015年中国对外承包工程在各洲的完成营业额来看，排在首位的是亚洲，占比为44.83%，约占总营业额的一半；排在第二位的是非洲，占比为35.56%；排在第三位的是拉丁美洲。2015年中国对外承包工程完成营业额排名前20的国家（地区）所占的比例合计为54.96%，总共完成的营业额为846.52亿美元。其中，完成营业额最多的是阿尔及利亚，为824061万美元，占总完成营业额的5.35%；沙特阿拉伯、埃塞俄比亚分别排在第二位和第三位，分别占总完成营业额的4.56%和3.83%。除了美国以及来自南美洲的厄瓜多尔和委内瑞拉，其他17个国家（地区）都来自亚洲和非洲，其中10个是亚洲国家（地区）、7个是非洲国家（地区）。

借鉴跨国投资理论，本章从东道国的市场、资源要素、制度、基础设施四个方面分析了中国对外承包工程的投资区位分布；并建立了实证模型，利用中国在148个国家（地区）对外承包工程的数据实证检验了中国对外承包工程投资区位分布的影响因素。实证结果显示，东道国的经济规模可以促进中国的对外承包工程投资，东道国的经济发展水平与中国对外承包工程的投资区位分布负相关，表明中国的对外承包工程投资偏向于经济发展水平比较低的发展中国家；东道国的自然资源和人力资源禀赋均与中国对外承包工程投资正相关；东道国的基础设施水平与中国的对外承包工程投资负相关；东道国的经济制度、税收制度、金融融资制度、对外贸易制度的完善以及廉洁的政府制度有利于吸引中国的对外承包工程投资。

5　对外承包工程对进出口贸易
规模的影响

对外承包工程是一种综合性的国际经济合作方式，它直接带动了两国的资金、技术、管理以及劳动力的交流与合作，推动了两国的经济发展、贸易增长。本章从成本克服、引致需求以及技术溢出三个方面的贸易效应角度论证了中国对外承包工程对贸易规模的影响。在此基础上，选取中国对外承包工程业务所在的 115 个国家，收集其 2002～2014 年的相关数据，实证分析了对外承包工程对中国与东道国进出口贸易规模的影响。

5.1　影响机制分析

5.1.1　基于成本克服的贸易效应

贸易成本是指商品从生产国最终到达消费者手中的所有支出，包括运输成本、海关成本（关税/非关税）、分销成本、履约成本以及信息成本（Anderson and Van Wincoop，2004）。对外承包工程通过承建东道国的工程主要在运输、海关壁垒、分销及信息三个方面起到了降低贸易成本的作用。

（1）缩减贸易运输成本。对外承包工程有一部分的业务是东道国公路、铁路、机场、港口等交通基础设施的建设，帮助东道国完善基础设施可以大大降低贸易运输成本。Limão 和 Venables（2001）研究认为两个国家的贸易成本和双边贸易流量很大程度上取决于基础设施水平，他们建立了引力模型并验证了本国以及贸易流经国家的基础设施水平对贸易成本和双边贸易流量的影响，实证结果显示沿海国家40%的贸易运输成本是由它的基础设施的完善程度决定的，而内陆国家的比例更高，达到了60%，可见运输成本对一个国家的贸易发展极其重要。然而，很多国家受财政资金、工程建设技术等因素的影响交通基础设施建设滞后，特别是经济发展水平比较低下的国家，公路运输、仓储、港口装卸及吞吐量无法达到发展国际贸易所需要的条件（Bougheas et al.，1999）。中国基于自身的技术优势承建相关国家的交通基础设施工程，不仅促进了中国企业"走出去"，而且加强了与世界的联系，更重要的是完善了东道国的基础设施，提升了这些国家的交通运力，降低了东道国的贸易运输成本。根据美国《工程新闻记录》对全球最大225/250家国际工程承包商业务的统计，2001~2015年国际工程承包大约有20%的业务是交通运输业的工程。而中华人民共和国商务部公布的2016年的《对外承包工程企业名录》显示，有将近1000家的对外承包工程企业承包交通运输业的工程，约占全部对外承包工程企业的25%。借鉴Jacks等（2011）的贸易成本分析方法，可以把贸易运输成本与对外承包工程表示成 $\tau=f(FCP)$ 的形式，f 是关于 FCP 的减函数，即东道国的贸易运输成本与对外承包工程呈反比例的关系，该设定是可信的，因为对外承包工程通过提高东道国的交通运输基础设施水平来降低贸易运输成本，对外承包工程的数量越多对东道国交通运输状况的改善越大。我们以对外承包工程的营业额或者工程项目的数量来衡量对外承包工程的规模，工程的营业额越大表明此工程涉及的交通受益面积越大，贸易运输成本的下降就越明显。

（2）降低海关壁垒成本。为了保护本国的产业、扶持国内企业的发展，或者出于保证国内劳动者就业的需要，很多国家都制定了很高的关税/非关税贸易壁垒，使国外的商品难以进入，人为设置贸易障碍，增加了贸易成本。但是有一些国家并不是自己主观强加的障碍，而是由于这些国家的软硬件设施比较落后，达不到自由贸易化所需的谈判条件，导致贸易自由化进程发展缓慢，贸易海关成本长期得不到下降（朱丹丹和黄梅波，2015）。对外承包工程通过承包建设东道国的道路、网络、信息等基础设施大大提升了东道国的基础设施水平，完善的基础设施有利于提升东道国的外贸谈判能力。一方面，对外承包工程在工程合作框架下改善了东道国的硬件基础设施，增加了这些国家在贸易自由化谈判中的"筹码"。另外，对外承包工程也提升了东道国和母国的经济开放度，特别是一些经济发展比较落后的发展中国家，与国外接触的机会比较少，对外承包工程合作增加了这些国家与先进国家接触的机会，从而获得贸易政策制定、贸易自由化谈判等方面的指导，使这些国家在贸易自由化进程上获得"软件"的支持，大大提升了贸易谈判的实力，加快了自由贸易化进程，结束了海关成本高企的局面。另一方面，便利的网络、通信设施也可以帮助东道国简化贸易通关程序，提高其贸易便利水平，大大缩减了东道国的贸易通过成本。Dutt 等（2013）研究了 WTO 的海关成本下降效应，认为贸易自由化进程有利于降低一个国家的海关贸易成本，增加企业的出口利润，进而提升企业进行进出口贸易的积极性，海关壁垒成本是贸易下降重要的影响因素。因此，对外承包工程通过改变东道国的自由贸易进程，提高贸易便利化程度降低海关成本，可增加两国双边的贸易流量。

（3）缩减分销及信息成本。在国际贸易中，商品最终要被国外消费者所接受，企业还需要付出一定的分销成本，分销成本主要包括运输、仓储以及其他营销费用支出。对外承包工程通过人员接触、工程宣传以及工程建设形成的"口碑"对母国进行了宣传，使东道国消费者间接了解了母国的产品。消费者在选择消费产品时可能会不经意想到工程承包母国的产品，这可以让出口企业花费较少的分销成本获得较好的营销效果，即对母国产品的贸易分销成本起到了缩减作用。另外，对外承包工程也可以通过"示范效应"降低对其他国家出口贸易产品的分销成本。例如，中国承建某个国家的工程项目，这些工程项目往往从中国进口相关的材料、设备等，这些产品通过一些重大工程项目的"示范"，知名度得到提高，进而降低这些商品在其他国家的分销成本，为这些商品进入更大的国际市场打下基础。中国的高铁、核电都是通过承包海外项目提高了知名度，从而大大增加了中国机械、运输设备、核电设备在各国的出口，"高铁""核电"成了当今中国的两张名片（张莉，2016）。信息成本是国际贸易中比较重要的成本支出，Harris（1995）研究了信息交流成本对国际贸易的影响，认为贸易信息成本最重要的影响因素是通信设施条件和通信技术的发展，以及地区之间的人员往来。对外承包工程通过完善东道国的信息基础设施，使东道国企业更容易获得母国的信息，母国同样也能够以更低的成本获得东道国的商业信息，大大降低了出口企业获得信息的成本支出。对外承包工程还涉及大量的人员交流，《中国统计年鉴》的数据显示，2014 年末中国对外承包工程的在外人员达到 40.9 万人，这个数据还不包括一些短暂出国的工程承包人员，如果把这些人员都算上，对外承包工程的人员交流可以达到上百万人，这些人员的往来加大了两国之间的信息交流，这些信息会在两国企业之间溢出，企业较容易获得出口贸易所需的信息，起到缩减贸易信息成本的作用。

5.1.2　基于引致需求的贸易创造

（1）直接带动工程物资等产品的出口。日本学者小岛清总结日本企业的对外投资现象，创造性地提出了边际产业扩张理论，小岛清在比较成本优势的基础上研究认为一国的对外投资与国际贸易是互补、相互促进的，他指出对外投资是把一些边际产业转移出去，充分利用东道国的资源优势，因此，对外投资初期直接增加投资建厂所需的物资的出口，工厂正式投产以后会增加中间产品的出口。对外承包工程与边际产业投资初期的情况相似，也直接增加了机器设备、工程物资、建筑材料等商品的出口。对外承包工程涉及技术设备应用、建成维护等各个方面，在建设中往往采用中国的一些技术和配套设备，而且这些技术和配套设备可能涉及中国的标准。因此，对外承包工程不仅可以增加工程建设当期技术和配套设备的出口，而且因为工程建设采用的是中国的技术标准，工程建成后的日常使用和维护需要继续使用中国的设备部件、材料，这就可以在比较长的时期内增加中国产品的出口（邵祥林，2003）。

（2）改善东道国的引致需求。对外承包工程企业不仅是工程的建设者，还是当地的资源开发者、经济建设者。刺激需求需要消费者既有购买欲望又有能力购买，消费者没有购买能力是产品需求不足的重要原因，因此，提高居民的收入水平是提高产品需求的重要途径，对于国际贸易来说，其他国家经济的发展是本国产品出口增加的重要原因。对外承包工程主要通过两个方面提升东道国的引致需求，增加国内产品的出口。其一，通过承包工程建设发展当地的经济，参与开发当地的资源，提高东道国的收入水平，使东道国有购买产品的能力。这一点在比较落后的发展中国家尤为明显，如许多亚非拉国家的自然资源丰富，但是由于历史的原因，这些国家的经济发展长期停滞不前，基础设施不够完善、自身也没有资源开发能力，陷入贫困的恶性循环中（Pacheco and Pierola，2008）。对外承包工程改善了东道国的经济发展条件，增强了这些国家的资源开发能力，提高了国民的收入水平，由此增加了东道国的引致需求，扩大国内产品的出口，形成了合作双方共赢的局面（Pettersson and Johansson，2013）。中国在资源丰富的中东、非洲、拉丁美洲、大洋洲等国家承建石油、天然气、矿业等大型开采工程项目，提高了东道国的资源开发能力，改变了东道国的产业结构，直接提升了这些国家相关产业的出口能力。另外，这些国家的资源开发出口恰好能满足中国资源方面的进口需要，这也将增加中国对东道国的进口贸易，由此扩大了双边的贸易额。其二，对外承包工程通过工程建设使东道国形成对下游相关产品的需求。例如，中国在海外承包住房、图书馆、体育馆等民生性、公益性工程也会使东道国形成对相关产品的引致性需求，住房的民生性工程必然增加东道国对房地产、公用事业等有关下游产业商品的需求，包括家具、电器等商品的需求，增加了其从中国进口相关商品的可能性。综上所述，对外承包工程企业通过承建东道国的资源开发工程及其他工程，增加了东道国的引致需求，扩大了两国之间的贸易。

5.1.3　基于技术溢出的贸易效应

技术溢出是国家之间的技术转移现象，是技术由高技术国向低技术国家的转移过程，技术可以通过对外直接投资、贸易、技术交流、人员来往等方式溢出。研究技术溢出对国际贸易的影响源于 Melitz（2003）、Eaton 等（2004）、Helpman 等（2004）等学者构建的异质性企业贸易理论模型，该理论认为生产率高的企业可以克服进入国际市场所付出的额外成本，这些企业选择进行国际贸易，而生产率低于"出口门槛"的企业只能退出国际市场，只能在国内市场销售产品。技术溢出对出口贸易的影响是通过提升国内企业的生产率，增加国内企业进入国际市场的可能性。Newman 等（2015）研究了对外直接投资对母国出口贸易的影响，他发现对外直接投资通常伴随着大的技术改革或者发明的出现，对外直接投资可以让母国快速获得前沿技术，通过逆向溢出提高了母国国内企业的生产率，提升母国的国际竞争力，增加了出口贸易。López-Pueyo 等（2009）研究了信息与通信技术产业的技术溢出对出口贸易的影响，结果发现信息与通信技术产业的技术溢出对提高国内企业生产率、增加贸易出口起到了很重要的作用。

根据技术溢出的方向，可把对外承包工程的技术溢出分为技术溢出（由母国向东道国的溢出）和逆向技术溢出（由东道国向母国的溢出）。本章主要研究对外承包工程对出口的影响，重点讨论逆向技术溢出。技术溢出是技术由技术发达的国家流向技术落后的国家，而逆向技术溢出主要发生在技术比较落后的国家对技术比较发达的国家的工程承包中。对外承包工程的逆向技术溢出有两个阶段：第一个阶段是对外承包工程企业及相关企业获得东道国的技术。对外承包工程通过示范效应、上下游供应商关联效应以及科技人员的流动等渠道吸纳东道国的技术。在这一过程中，对外承包工程企业对其他产业技术的吸收能力可能比较低下，但是工程建设涉及上游企业的货物供应和下游企业的服务，通常与国内及东道国的企业都有联系，对外承包工程把这些企业关联在一起，国内的关联企业就可以吸收东道国相关企业的技术。第二个阶段是对外承包工程企业的国内上下游关联企业获得的东道国的技术在母国的溢出过程。获得东道国技术的企业对国内的上下游关联企业形成关联溢出，把吸收的东道国的先进技术转移和扩散到国内其他企业中，提高了国内企业的生产率、出口能力，进而增加全国的出口贸易。

综上所述，对外承包工程对进出口贸易的作用机制如图5-1所示。

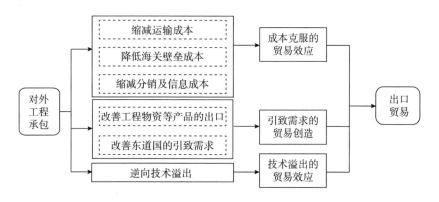

图5-1 对外承包工程对进出口贸易的作用机制框架

5.2　变量选取和实证模型

5.2.1　变量选取

本章研究中国对外承包工程对两国双边贸易的影响，研究样本包括既与中国有工程承包业务往来，又与中国有贸易关系的国家，剔除一些数据难以获得的国家，如朝鲜、缅甸，剔除太平洋岛屿的小国家，如斐济、瓦努阿图、汤加等。另外，考虑到数据的可得性，还剔除了部分数据缺失的国家，最后选取了 115 个国家作为本章的研究样本[①]，研究的时间跨度为 2002~2014 年。以下先对因变量、自变量、控制变量及数据来源做详细说明。

（1）本章分别考察中国对外承包工程对中国与东道国进出口贸易的影响，分别用出口总额（EX）和进口总额（IM）表示，数据来源于 2003~2015 年的《中国统计年鉴》。

（2）自变量对外承包工程（FCP）。对外承包工程是本章的核心变量，表示当年中国在东道国承包的工程，用中国对外承包工程完成营业额表示，数据来源于历年《中国统计年鉴》。

（3）其他变量。为了得到对外承包工程变量的无偏估计，需要在实证模型中加入其他控制变量，根据相关文献及国家贸易理论加入一些影响中国进出口贸易的控制变量。这些变量主要包括东道国的经济总量、经济开放程度、基础设施水平、制度发展情况、贸易便利化程度以及是否与中国在地理上相邻。具体变量包括：①东道国的经济总量（GDP）。经济总量越大意味着这个国家的经济实力越强，总体支付能力就强，因此预期其对国际贸易的影响为正。各个国家的 GDP 数据来源于世界银行的 WDI 数据库。

---

① 包括越南、韩国等 33 个亚洲国家；埃及、加纳等 35 个非洲国家；英国、法国、瑞士等 25 个欧洲国家；智利、巴西、乌拉圭等 17 个拉丁美洲国家；美国、墨西哥、加拿大 3 个北美洲国家；澳大利亚、新西兰 2 个大洋洲国家。由于篇幅有限，具体样本国家名单在这里不一一列举。

②国民收入水平（GNI）。东道国的国民收入水平越高表明居民的购买力越强，因此其就有可能从国外进口较多的产品用于消费，促进国际贸易的发展。同时，国民收入水平较高意味着该国的经济发展水平较高，专业分工程度较高，能促进生产率较高的产业的产品出口。考虑到国民收入水平对国际贸易的影响可能存在倒"U"形结构，笔者在实证模型中加入了国民收入水平的平方项。国民收入水平数据来源于世界银行的 WDI 数据库，用现价美元表示，部分国家一些年份的数据缺失，则利用前后年的数据以及GDP 增长率、人口增长率估算得到。③两国地理距离。地理距离用两个变量表示，一是两国主要城市之间的距离（DIS），按照两国经纬度计算主要城市的球面距离；二是贸易双方是否有共同国界（BORDER），它是一个虚拟变量，如果对外承包工程的东道国与中国接壤有共同边界取值为1，否则取值为0。两国地理距离的有关数据来源于 CEPII 数据库。④经济开放度（OPEN）。经济开放用外贸依存度表示，即 OPEN =（货物和服务的进口总额+货物和服务的出口总额）/GDP 总额×100%。一个国家的经济开放度越高意味着它有更高的经济自由度，对进出口贸易有正向影响。⑤基础设施和贸易便利化。一个国家的基础设施水平对进出口贸易的影响也是很大的。基础设施水平较高的国家贸易成本较低，对国际贸易产生正向影响，基础设施水平较低的国家贸易成本较高，对国际贸易发展产生阻碍作用。基础设施涉及公路、铁路、机场、港口等，出于对数据可得性的考虑，笔者选取每100人所拥有的电话线路数量（TELL）作为衡量基础设施水平的指标。另外，贸易便利化指标用出口文件数量（EXF）表示，出口文件数量是指每批出口货物所需的所有文件，将海关部门，港口和集装箱码头管理部门，卫生、技术控制机构和银行所需的文件都考虑在内。数据来源于世界银行 WDI 数据库。⑥东道国的制度也是影响国际贸易的一个重要因素，不稳定、不透明的制度体系会给一个国家的国际贸易发展带来不确定性，阻碍进出口贸易的增长。衡量一个国家的制度状况通常利用公共部门的透明度、问责性和腐败评级，公共管理质量评级，企业监管环境评级等指标，但是，这些数据都很难完整获得，笔者选取清廉指数（IST）作为制度因素的代理变量，清廉指数是对政府公共部门的评级，取值为 ［0，10］，清廉指数越高表示该国公共部门越廉洁，数据来源于透明国际。⑦自然资源租

金总额（Resource_T），这一指标用一个国家从自然资源开发中获得的经济收益占该国国内生产总值（GDP）的比重来衡量。较高的自然资源租金总额通常表明该国经济在较大程度上依赖于自然资源的开采和出口。⑧研发支出（R&D），研发支出占GDP的比例反映了一个国家在研究与开发活动上的投入强度。该指标用于衡量国家或地区对创新和科技发展的重视程度，较高的研发支出通常与更强的创新能力和更快的技术进步相关联。⑨海关手续负担（Customs_B），这一指标反映了企业在进出口过程中面临的海关程序复杂度和行政负担。海关手续负担较重的国家可能会对贸易流动造成障碍，增加进出口贸易的时间和成本，从而影响该国的贸易便利化程度和吸引外资的能力。

5.2.2 实证模型

基于前文理论、影响机制的分析和所选变量的说明，借鉴国际贸易研究经典引力模型，构建本章的实证模型方程：

$$
\ln(EX_{i,t}) = \alpha_i + \theta\ln(FCP_{i,t}) + \beta_1\ln(GDP_{i,t}) + \beta_2\ln(GNI_{i,t}) + \beta_3
$$
$$
\ln^2(GNI_{i,t}) + \beta_4\ln(DIS_{ic}) + \beta_5 OPEN_{i,t} + \beta_6\ln(TELL_{i,t}) +
$$
$$
\beta_7 IST_{i,t} + \beta_8 EXF_{i,t} + \beta_9 BORDER_{ic} + \varepsilon_{i,t} \qquad (5-1)
$$
$$
\ln(IM_{i,t}) = \alpha_i + \theta\ln(FCP_{i,t}) + \beta_1\ln(GDP_{i,t}) + \beta_2\ln(GNI_{i,t}) + \beta_3
$$
$$
\ln^2(GNI_{i,t}) + \beta_4\ln(DIS_{ic}) + \beta_5 OPEN_{i,t} + \beta_6\ln(TELL_{i,t}) +
$$
$$
\beta_7 IST_{i,t} + \beta_8 EXF_{i,t} + \beta_9 BORDER_{ic} + \varepsilon_{i,t} \qquad (5-2)
$$

其中，i表示中国在第i个国家，t表示第t年，$\varepsilon_{i,t}$为随机误差项。以上两个模型分别是针对出口总额、进口总额的实证回归方程。

5.2.3 数据说明

变量的基本描述性统计结果如表5-1所示。

表5-1 中国对外承包工程对进出口贸易规模影响的变量描述性统计

变量	均值	方差	最小值	中位数	最大值
进出口总额（百万美元）	16893.58	46945.9	1.47	2592.73	555123.6

续表

变量	均值	方差	最小值	中位数	最大值
出口总额（百万美元）	9167.11	28137.39	1.46	1570.94	396062.6
进口总额（百万美元）	7725.72	21832.42	0.01	586.22	194563.5
对外承包工程（百万美元）	478.94	930.03	0	106.26	7441.66
经济总量（2005年不变价，亿美元）	3992.61	13871.39	5.45	498.94	147966.4
国民收入水平（现价，美元）	1.33	1.83	0.01	0.45	10.4
经济开放度	0.87	0.49	0.16	0.78	4.5
每100人所拥有的电话线路数量	19.77	18.45	0.01	14.81	74.4
出口文件数量（件）	6.24	2.34	2	6	15
自然资源租金总额（%）	11.95	15.38	0	6.03	92.02
研发支出（%）	0.71	0.91	0.01	0.33	4.41
海关手续负担	4.1	0.87	1.39	4.05	7.13
两国是否有共同国界	0.09	0.28	0	0	1
两国主要城市之间的距离（千米）	8871.75	4012.18	955.65	8143.02	19297.47
清廉指数	4.29	2.22	1.1	3.5	9.9

5.3 实证结果分析

5.3.1 基本回归结果

表5-2是基于回归方程得到的实证结果。笔者先利用Stata12进行面板数据回归模型选择检验，Hausman检验结果表明拒绝随机效应模型，即适合采用固定效应模型，因此笔者采用固定效应模型进行估计。表5-2中列（1）、列（2）是加入个体固定效应的回归结果，列（3）、列（4）是加入时间固定效应的回归结果。列（5）、列（6）是对于不随时间变化的固定效应模型使用Husman-Taylor方法的估计结果，回归结果显示，对外承包工程

的回归系数符号均为正，而且均通过了 1% 的显著性检验，即对外承包工程对出口总额、进口总额有正向影响，与理论预期完全一致。我们可以看到表 5-2 列（1）和列（2）的整体回归效果很好，调整 R^2 分别为 0.968和 0.934，表明模型对因变量的整体解释程度很高。对外承包工程完成营业额增长 1% 可以促进中国向东道国的出口额增长 0.1%，从东道国的进口额增长 0.094%。这与预期相符，说明对外承包工程确实能有效促进双边进口贸易，促进了中国向东道国的贸易出口，同时也增加了中国从东道国的进口。

表 5-2　对外承包工程与进出口贸易规模的基本回归结果

变量	（1）lnEX	（2）lnIM	（3）lnEX	（4）lnIM	（5）lnEX	（6）lnIM
lnFCP	0.100 *** (0.009)	0.094 *** (0.020)	0.086 *** (0.013)	0.071 *** (0.012)	0.115 *** (0.009)	0.123 *** (0.019)
lnGDP	1.234 *** (0.137)	3.037 *** (0.292)	0.928 *** (0.020)	1.660 *** (0.038)	0.874 *** (0.103)	1.830 *** (0.191)
lnGNI	1.114 *** (0.203)	0.878 ** (0.433)	0.048 (0.189)	0.444 (0.361)	1.457 *** (0.192)	1.827 *** (0.400)
$\ln^2 GNI$	0.010 (0.012)	−0.008 (0.025)	−0.018 (0.010)	−0.001 (0.020)	−0.007 (0.011)	−0.045 (0.034)
OPEN	0.315 *** (0.091)	0.271 (0.193)	0.677 *** (0.054)	0.960 *** (0.104)	0.375 *** (0.088)	0.459 ** (0.185)
lnTELL	0.036 (0.041)	−0.039 (0.087)	0.080 ** (0.031)	0.101 * (0.060)	−0.030 (0.040)	0.154 * (0.082)
IST	−0.028 (0.097)	−0.568 *** (0.208)	0.232 *** (0.081)	−0.067 (0.156)	−0.047 (0.095)	−0.511 ** (0.199)
EXF	−0.376 *** (0.127)	−0.045 * (0.035)	−0.384 *** (0.091)	−0.661 *** (0.174)	−0.320 ** (0.125)	0.081 (0.264)
lnDIS	— —	— —	−0.281 *** (0.048)	−0.665 *** (0.091)	−0.480 (0.579)	−0.446 (0.939)
BORDER	0.000 —	0.000 —	0.688 *** (0.095)	0.035 * (0.182)	3.516 *** (1.124)	3.146 * (1.821)

续表

变量	(1) lnEX	(2) lnIM	(3) lnEX	(4) lnIM	(5) lnEX	(6) lnIM
常数项	−28.54*** (2.916)	−70.73*** (6.221)	−7.226*** (0.929)	−19.770*** (1.779)	−26.1*** (5.960)	−50.59*** (10.005)
个体效应	是	是	—	—	是	是
时间效应	—	—	是	是	是	是
N	1482	1482	1482	1482	1482	1482
调整 R^2	0.968	0.934	0.878	0.801	0.893	0.928
F	663.145	181.278	795.261	476.274	546.849	152.003

注：*、**、***分别表示在 10%、5%、1%的显著性水平上显著，括号内为标准误。

其他变量的回归结果也与预期基本一致。列（1）的回归结果显示，经济总量（GDP）的回归系数为正，与现有文献的研究结果一致，东道国的GDP 增长 1%可以促进中国的出口额增长 1.234%，这个结果略小于谢孟军（2016）的 1.309%，一个国家经济总量的增大意味着它的支付能力增强，因而会加大进口，同时经济总量的增大也意味它的经济实力的增强，出口能力也会跟着提高，从而促进出口贸易的增长。国民收入水平（GNI）的回归系数均为正，表明一个国家国民收入水平的提高有利于进出口贸易的发展，对于进口而言这容易理解，即本国国民收入的增加相应地促进本国对他国产品的进口。国民收入水平（GNI）二次项的回归系数均不显著，这表明一个国家的国民收入对进出口贸易的影响并不存在倒"U"形结构，由此，我们可以推断国民收入始终对一个国家的进出口贸易产生积极的促进作用，与收入水平的高低没有关系。经济开放度（OPEN）的回归系数均为正，这与现实实际情况相吻合，一个国家的经济开放度对它的进出口贸易有积极的推动作用，国家的开放程度越高企业的贸易成本就越低，企业就积极主动开发海外市场，同时进口企业也积极主动寻找进口贸易盈利的机会，从总体上促进了贸易的发展。电话线路数量（TELL）的回归系数均没有在 10%水平上显著。出口文件数量（EXF）的回归系数均为负，而且通过了相应的统计显著性检验，表明贸易便利化程度对进出口贸易有积极的影响，简化进出口程序，减少进出口文件数量有利于贸易的发展。最后，两国主要城市之间的距离（DIS）与两国是否有共同边界不随时间改变，在个体固定效应模型回归中已经把这些变量差分掉了，但是，用时间固定效应模型估计可以看到两国主要城市之间的距离变量的回归系数为负，并且在1%的水平上显著，两国是否有共同边界变量的回归系数为正，而且都通过了10%的显著性统计水平检验，表明两个国家有共同边界是有利于双边贸易的，符合国际贸易理论预期。利用Husman-Taylor方法估计可以看到，两国主要城市之间的距离变量的回归系数为负，但是系数未通过显著性检验。两国是否有共同边界变量的回归系数为正，其中模型（5）通过了1%显著性统计水平检验，模型（6）通过了10%显著性统计水平检验，现有文献也证实了这一点。

5.3.2 对外承包工程促进进出口贸易的具体机制

前文已经详细分析了对外承包工程对出口贸易的影响机制，为了对这些影响机制加以区分，笔者用自然资源总租金占GDP的百分比（Resource_T）、海关手续负担（Customs_B）以及研发支出占GDP的比例（R&D）分别对引致需求效应、成本克服效应、技术溢出效应进行控制，回归结果如表5-3所示。

表5-3引致需求效应模型的回归结果显示，对外承包工程的回归系数均为正，而且在1%的显著性水平上显著。交乘项（lnFCP×Resource_T）只有在出口方程的回归中通过显著性水平检验，在进口方程中不显著，表明对外承包工程通过引致需求效应促进了中国对东道国的出口，而从东道国进口则没有受到引致需求效应的影响。在成本克服效应模型中，海关手续负担（Customs_B）的回归系数为负，表明贸易成本对进出口贸易具有阻碍作用，因此，在过去几十年中降低贸易成本成为WTO及其各成员国努力的重点（Driffield，2004）。表5-3的回归结果验证了对外承包工程可以通过改善东道国的基础设施来降低东道国的贸易成本，从而促进双边的进出口贸易。在技术溢出效应模型中对外承包工程及其交乘项的回归系数均为正，验证了对外承包工程通过技术溢出效应促进母国与东道国之间的贸易。其他控制变量也表现稳定，符合贸易理论，由此验证了对外承包工程通过引致需求效应、成本克服效应以及技术溢出效应促进两国之间的贸易机制。

表5-3　对外承包工程促进进出口贸易具体机制的回归结果

变量	（1）引致需求效应		（2）成本克服效应		（3）技术溢出效应	
	lnEX	lnIM	lnEX	lnIM	lnEX	lnIM
lnFCP	0.126*** (0.010)	0.073*** (0.001)	0.149*** (0.005)	0.133*** (0.009)	0.131*** (0.012)	0.144*** (0.003)
lnFCP×Resource_T	0.001*** (0.000)	0.002 (0.002)				
lnFCP×Customs_B			0.012* (0.008)	0.032* (0.021)		
lnFCP×R&D					0.037*** (0.008)	0.058*** (0.003)
Resource_T	0.006 (0.004)	0.001 (0.009)	0.004** (0.002)	0.015*** (0.004)	0.005** (0.002)	0.016*** (0.004)
Customs_B	−0.003 (0.031)	−0.149** (0.087)	−0.097* (0.055)	−0.426*** (0.060)	−0.007 (0.031)	−0.142** (0.066)
R&D	0.339*** (0.093)	0.630*** (0.199)	0.311*** (0.093)	0.593*** (0.198)	0.706*** (0.128)	1.202*** (0.273)
lnGDP	1.183*** (0.139)	2.943*** (0.295)	1.260*** (0.137)	3.071*** (0.291)	1.207*** (0.136)	2.980*** (0.290)
lnGNI	1.264*** (0.204)	1.186*** (0.435)	1.120*** (0.210)	0.869* (0.446)	1.025*** (0.206)	0.816* (0.439)
$\ln^2 GNI$	0.001 (0.012)	−0.025 (0.025)	0.008 (0.012)	−0.009 (0.026)	0.013 (0.012)	−0.005 (0.026)
OPEN	0.241*** (0.092)	0.103 (0.196)	0.248*** (0.092)	0.125 (0.196)	0.246*** (0.092)	0.111 (0.196)
lnTELL	0.033 (0.041)	−0.059 (0.087)	0.039 (0.041)	−0.051 (0.087)	0.031 (0.041)	−0.063 (0.087)
IST	−0.002 (0.098)	−0.492** (0.209)	−0.040 (0.098)	−0.554*** (0.017)	−0.064 (0.097)	−0.590*** (0.007)
EXF	−0.335*** (0.128)	0.016 (0.272)	−0.341*** (0.129)	−0.019 (0.274)	−0.339*** (0.127)	0.011 (0.271)

变量	(1) 引致需求效应		(2) 成本克服效应		(3) 技术溢出效应	
	lnEX	lnIM	lnEX	lnIM	lnEX	lnIM
lnDIS	—	—	—	—	—	—
	—	—	—	—	—	—
BORDER	—	—	—	—	—	—
	—	—	—	—	—	—
常数项	-28.152*** (2.957)	-71.019*** (6.293)	-29.851*** (2.921)	-73.899*** (6.203)	-28.010*** (2.921)	-70.792*** (6.228)
N	1482	1482	1482	1482	1482	1482
调整 R^2	0.968	0.936	0.968	0.936	0.968	0.936
F	467.495	130.220	464.972	130.115	472.594	131.339

注：*、**、***分别表示在10%、5%、1%的显著性水平上显著，括号内为标准误。

5.3.3 内生性问题：基于工具变量法与系统 GMM 回归的讨论

对外承包工程通过成本克服等效应促进双边的贸易，反过来，一国可能因为信息获得等方面的原因倾向于在贸易关系密切的国家承包工程，即对外承包工程与国际贸易可能存在互为因果的关系（Nowak-Lehmann et al.，2013），这样就会导致对外承包工程变量的内生性问题而导致估计结果的有偏和不一致。对于面板数据的内生性问题，需要对可能存在内生性的变量加以控制，解决内生性问题的方法有两个：一是 Wooldridge（2002）指出如果回归模型本身包含内生解释变量，则需要使用工具变量法进行两阶段回归，找到一个合适的工具变量。二是对于由解释变量与被解释变量的互为因果关系所造成的内生性问题，Arellano 和 Bond（1991）通过建立动态面板模型，并使用所有可能的滞后变量作为工具变量进行 GMM 估计，即"差分 GMM"估计进行解决。当然，差分 GMM 也会带来一些问题，问题之一就是不随时间变化的变量在差分的时候被消除了，Arellano 和 Bover（1995）则改为使用差分的滞后项作为工具变量对水平方程进行 GMM

估计来解决这一问题，这被称为"水平 GMM"。Blundell 和 Bond（1998）将差分 GMM 与水平 GMM 结合起来，把差分方程与水平方程作为一个系统方程进行 GMM 估计，称为"系统 GMM"，它不仅可以提高估计的效率，还可以估计不随时间变化的变量，但是，必须满足滞后项与扰动项不相关这个条件才能使用系统 GMM 估计。以下笔者将利用工具变量两阶段最小二乘法（2SLS）与系统 GMM 法探讨内生性问题。

使用工具变量两阶段最小二乘法解决内生性问题，首先得找到合适的工具变量。选取工具变量需要满足两个条件：一是工具变量要与内生变量高度相关，即满足相关性；二是工具变量不能与被解释变量相关或者只是弱相关，即满足外生性。本章选取世界银行《全球营商环境》报告的"建设许可"（LDCP）指标，该指标记录了各国建设一个仓库/项目所需要的手续、时间和花费，在一定程度上能够反映当地投资环境和在当地投资的成本。表 5-4 是建设许可与对外承包工程、出口总额和进口总额的相关系数矩阵，我们可以看到建设许可指数（LDCP）与对外承包工程 lnFCP 的相关系数比较高为 -0.6278，满足工具变量相关性条件，而与被解释变量进出口额的相关性系数都比较小（小于 0.1），也满足弱相关性。另外，本章利用 Kleibergen-Paap（2006）提出的似然比方法检验工具变量是否与内生解释变量相关。表 5-5 列（1）和列（2）的 LM 统计量表明工具变量在 1% 的显著性水平上与内生解释变量相关。其次进行弱相关检验。对于第一阶段被弱识别这一零假设，Kleibergen-Paap（2006）的 Wald F 统计量可以在 10% 的显著性水平上将其拒绝。这些统计检验充分证明，本章选择的这个工具变量非常有效。

表 5-4　相关系数矩阵

变量	lnEX	lnIM	lnFCP	LDCP
lnEX	1			
lnIM	0.8347	1		
lnFCP	0.4276	0.3926	1	
LDCP	0.0793	0.0686	-0.6278	1

表5-5列（1）和列（2）是利用工具变量两阶段最小二乘法得到的估计结果，我们看到对外承包工程的回归系数仍然为正，与前面固定效应模型的估计结果一致，且系数变得更大了。工具变量法估计的对外承包工程完成营业额增加 1% 可以使中国向东道国的出口额、进口额分别增加 0.176%、0.248%，表明考虑了内生性问题，回归结果依然还是比较好的。其他控制变量的回归结果与预期也基本一致，东道国的经济总量、国民收入水平对双边贸易都有积极的影响，国民收入水平的平方项的回归结果不显著，表明国民收入对双边贸易的影响不存在倒"U"形结构。东道国经济开放度的回归系数均为正且呈显著性水平，与现有文献的研究结论一致，一个国家的经济开放度越高出口贸易就越大。表5-5列（3）和列（4）是利用系统 GMM 方法得到的回归结果，首先通过检验差分滞后项的自相关情况来判断模型的可靠性，我们看到扰动项差分的一阶滞后没有通过自相关检验，但是扰动项差分的二阶滞后不存在自相关关系。同时，我们看到 Sargan 检验的结果显示，P 值分别为 0.062 和 0.065，均大于 0.05，不能拒绝零假设，这意味着没有证据表明工具变量是内生的。因此，我们可以认为所使用的工具变量是有效的。表明本章的模型设定可以进行系统 GMM 估计。利用系统 GMM 法得到的回归结果与利用工具变量两阶段最小二乘法得到的回归结果的系数符号完全一致，结合回归结果，我们发现对外承包工程确实促进了双边的进出口贸易额。利用系统 GMM 法得到的回归结果显示，两国主要城市之间的距离、两国是否有共同边界的回归系数分别为负和正，与现有文献研究结论一致，即两国距离的增加会阻碍双边贸易的发展，两国有共同边界会促进双边的贸易发展。

表 5-5　2SLS 与系统 GMM 法的回归结果

变量	2SLS 回归结果		系统 GMM 回归结果	
	（1） lnEX	（2） lnIM	（3） lnEX	（4） lnIM
lnFCP	0.176 *** (7.57)	0.248 *** (4.71)	0.049 *** (17.23)	0.037 *** (5.77)

续表

变量	2SLS 回归结果		系统 GMM 回归结果	
	（1） lnEX	（2） lnIM	（3） lnEX	（4） lnIM
lnGDP	0.800 *** （4.71）	2.593 *** （6.75）	0.529 *** （36.58）	0.558 *** （33.45）
lnGNI	1.340 *** （4.84）	0.138 （0.22）	1.974 *** （21.28）	0.543 *** （3.74）
$\ln^2$GNI	−0.0171 （−1.05）	0.0163 （0.44）	−0.099 （−0.303）	−0.022 （−0.74）
OPEN	0.323 *** （3.14）	0.473 ** （2.03）	0.627 *** （28.64）	0.621 *** （12.05）
IST	−0.0330 （−0.31）	−0.568 ** （−2.36）	−0.280 *** （−7.94）	−0.364 *** （−8.44）
lnTELL	0.0311 （0.77）	−0.0718 （−0.78）	−0.191 （−0.75）	−0.360 （−0.59）
EXF	−0.271 ** （−2.26）	−0.183 （−0.68）	−0.271 *** （6.33）	−0.0193 （−0.27）
lnDIS			−0.510 *** （6.98）	−0.517 *** （−5.93）
BORDER			2.031 *** （10.49）	−0.202 （−1.29）
L1. lnEX			0.484 *** （81.88）	
L2. lnEX			0.0740 *** （19.75）	
L1. lnIM				0.594 *** （109.19）
L2. lnIM				0.0743 *** （20.02）
常数项	−18.61 *** （−5.05）	−56.39 *** （−6.76）	−21.26 *** （−23.24）	−7.114 *** （−7.63）

变量	2SLS 回归结果		系统 GMM 回归结果	
	（1） lnEX	（2） lnIM	（3） lnEX	（4） lnIM
N	1150	1150	1265	1265
调整 R^2	0.607	0.701		
AR（1）P 值			0.000	0.001
AR（2）P 值			0.456	0.129
K-P rk LM	13.87***	12.99***		
K-P rk Wald F	19.55	21.02		
Sargan 值 Prob>Chi2			0.062	0.065

注：*、**、***分别表示在10%、5%、1%的显著性水平上显著，括号内为 t 统计量或者 Z 值。

5.3.4　WTO 成员方与非 WTO 成员方对比分析

中国在 2001 年加入了 WTO，加入 WTO 会影响一个国家的对外贸易发展。为了进一步检验对外承包工程的影响，有必要把加入 WTO 这一影响因素单独分离出来研究，为此，笔者把样本分为 WTO 成员方与非 WTO 成员方两组①，回归的结果如表5-6所示，鉴于表格过长，仅报告核心变量的回归结果。从表5-6我们可以看到，对外承包工程（FCP）的回归系数的符号和表5-3的回归结果是一致的，都在 1%的显著性水平上显著。同时非 WTO 成员方的回归系数更大，这表明对外承包工程对两国之间进出口贸易的影响在非 WTO 成员方明显大于 WTO 成员方，特别是通过引致需求效应和贸易成本效应，对外承包工程对与非 WTO 成员方的进出口贸易影响更大，这是本章一个比较重要的发现。对此有必要进一步分析，我们知道如果两个国家在 WTO 框架下进行贸易，那么两国的贸易关系比较成熟，关

---

① 考虑到本章的研究以 2002 年为起始年，而绝大部分国家是在 2004 年以前加入 WTO 的，因此笔者把在 2004 年以前（包括 2004 年）加入 WTO 的归入 WTO 成员方一组，而到 2004 年还没有加入 WTO 的归入非 WTO 成员方。

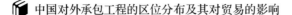

税、配额等相对固定，两国贸易谈判的空间也比较小，因此，中国在 WTO 成员方承包工程对两国进出口贸易的影响就比较小。相反，如果中国在非 WTO 成员方承包工程，由于两国不是在 WTO 框架下发展贸易关系，那么两国的贸易谈判就比较灵活，关税、配额等贸易问题的解决可以根据实际情况进行，这对降低贸易成本起到很大作用。另外，中国在东道国承包工程，一方面可加深中国对东道国的了解，了解东道国的产业优势以及中国的比较优势，在贸易谈判中更具有主动权，大大增加了中国产品出口的可能性；另一方面也有利于加深东道国对中国的了解，了解中国的产品优势以及它们需要中国哪些产品，可以更多地考虑跟中国合作，从而增加东道国对中国产品的引致需求。技术溢出效应模型的结果显示，非 WTO 成员方组对外承包工程的回归系数较大，但是交乘项则是 WTO 成员方组的略大，表明在 WTO 成员方对外承包工程的技术溢出效应更强。因此，从整体来看，在非 WTO 成员方承包工程更能促进两国的进出口贸易，应该加大力度与非 WTO 成员方合作实施"走出去"战略，从而拉动两国进出口贸易的发展。

表 5-6　WTO 成员方与非 WTO 成员方对比分析

| 变量 | WTO 成员方 | | | | | |
| | (1) 引致需求效应 | | (2) 成本克服效应 | | (3) 技术溢出效应 | |
	lnEX	lnIM	lnEX	lnIM	lnEX	lnIM
lnFCP	0.161*** (0.010)	0.185*** (0.021)	0.114*** (0.037)	0.167** (0.074)	0.105*** (0.012)	0.138*** (0.025)
lnFCP×Resource_T	0.002** (0.001)	0.001 (0.001)				
lnFCP×Customs_B			0.002** (0.001)	0.037*** (0.006)		
lnFCP×R&D					0.031*** (0.005)	0.048* (0.027)
N	1223	1223	0.114***	1223	1223	1223
调整 R²	0.971	0.944	(0.037)	0.944	0.971	0.944
F	384.527	116.979	158.689	117.053	385.548	118.387

	非 WTO 成员方					
变量	(4) 引致需求效应		(5) 成本克服效应		(6) 技术溢出效应	
	lnEX	lnIM	lnEX	lnIM	lnEX	lnIM
lnFCP	0.291*** (0.039)	0.193*** (0.009)	0.279** (0.135)	0.178*** (0.014)	0.308*** (0.038)	0.153*** (0.006)
lnFCP×Resource_T	0.005** (0.002)	0.002* (0.001)				
lnFCP×Customs_B			0.004*** (0.001)	0.085*** (0.008)		
lnFCP×R&D					0.009* (0.006)	0.026** (0.012)
N	259	259	259	259	259	259
调整 R^2	0.971	0.914	0.970	0.917	0.971	0.916
F	128.220	19.749	127.029	20.940	131.017	20.469

注：*、**、***分别表示在10%、5%、1%的显著性水平上显著，括号内为标准误。

5.3.5 亚非拉发展中国家与欧美发达国家对比分析

在研究样本中既有经济发展水平较高的欧美发达国家，也有经济发展水平较落后的亚非拉发展中国家，那么对外承包工程对进出口贸易的影响是否因东道国经济发展水平不同而不同呢？为了检验这个问题，笔者对样本重新进行分类，分为亚非拉发展中国家和欧美发达国家①，分组回归结果如表5-7所示。

---

① 亚非拉国家包括亚洲、非洲、拉丁美洲的发展中国家，但是韩国、新加坡、日本这三个国家的发达程度比较高，我们把这三个国家与欧美国家以及澳大利亚、新西兰一起归入"欧美发达国家"组。

表 5-7　亚非拉发展中国家、欧美发达国家分组回归结果

亚非拉发展中国家

变量	（1）引致需求效应		（2）成本克服效应		（3）技术溢出效应	
	lnEX	lnIM	lnEX	lnIM	lnEX	lnIM
lnFCP	0.163 *** (0.018)	0.142 *** (0.041)	0.143 *** (0.051)	0.126 *** (0.116)	0.191 *** (0.016)	0.157 *** (0.036)
lnFCP×Resource_T	0.005 *** (0.011)	0.001 * (0.001)				
lnFCP×Customs_B			0.008 *** (0.013)	0.065 ** (0.028)		
lnFCP×R&D					0.006 *** (0.020)	0.112 (0.007)
N	1014	1014	1014	1014	1014	1014
调整 R^2	0.966	0.921	0.966	0.922	0.966	0.922
F	398.282	104.176	397.930	104.875	401.527	104.980

欧美发达国家

变量	（4）引致需求效应		（5）成本克服效应		（6）技术溢出效应	
	lnEX	lnIM	lnEX	lnIM	lnEX	lnIM
lnFCP	0.074 *** (0.003)	0.068 *** (0.005)	0.096 *** (0.009)	0.079 *** (0.002)	0.071 *** (0.009)	0.068 * (0.036)
lnFCP×Resource_T	0.013 *** (0.003)	0.022 ** (0.009)				
lnFCP×Customs_B			0.002 ** (0.001)	0.011 *** (0.004)		
lnFCP×R&D					0.014 *** (0.004)	0.030 ** (0.011)
N	468	468	468	468	468	468
调整 R^2	0.968	0.955	0.967	0.954	0.967	0.954
F	102.818	28.108	97.805	26.120	98.296	26.374

注：*、**、***分别表示在10%、5%、1%的显著性水平上显著，括号内为标准误。

我们看到两组样本的回归结果有所差别，在亚非拉发展中国家承包工程对两国进出口贸易的影响远远大于在欧美发达国家承包工程对两国进出口贸易的影响。究其原因，首先，发达国家的基础设施比较完善，中国在发达国家承包工程很难通过改善当地的基础设施而对东道国贸易产生很大的影响。而对基础设施工程的承包可以大大提升亚非拉发展中国家的基础设施水平，这有利于降低贸易成本，从而促进两国的贸易发展。其次，能源、矿产资源开采等方面的合作在发达国家是很少的，相反，发展中国家的工程建设很多都涉及自然资源开采方面的合作，这提高了当地的资源开发能力和经济发展水平，增加了东道国的进口需求，促进了两国之间的贸易。最后，中国凭借较为先进的工程建造技术、管理技术赢得了广大发展中国家的认可，从而降低了中国产品出口的分销成本，这也为两国带来了大量的贸易发展机会。近年来，中国在发展中国家建设了一批有影响力的工程，如马来西亚沙巴州铁路、南非 Vaal 河水坝等工程的建设对东道国提高整体交通能力、改善民生作了不少贡献，赢得了当地居民良好的口碑，无形中给中国商品做了广告，提高了中国商品在东道国的知名度，更为两国的贸易发展打下了良好基础。这个研究结果也给我们提供了经验参考，我们要加大力度与发展中国家进行承包工程合作。近几年来，中国努力与世界各国进行高铁、核电、高速公路等方面的合作，给中国商品进入海外市场提供了难得的机会，可以大大拉动中国的出口贸易，推动中国"走出去"战略的实施，实现中国"稳出口"的目标以及贸易转型升级发展。

5.4 本章小结

经过多年的发展，中国对外承包工程的实力不断增强，业务范围已经从最初的土建施工等产业链低端环节扩展至工程设计咨询、项目融资、工程总承包以及项目运营维护等中高端环节。中国近年来在很多国家承建了颇具影响力的工程，这些工程的建设无疑让当地的经济社会发生了很大的变化，拉动了当地经济的发展、促进了当地就业、改善了民生。毫无疑问，对外承包工程已经成为中国实施"走出去"战略的一种重要手段，对发展两国的经济贸易关系具有重要的推动作用。为了探究对外承包工程与中国进出口贸易、商品"走出去"的内在联系，本章首先从引致需求效应、成本克服效应以及技术溢出效应三个方面分析了对外承包工程对进出口贸易的影响机制，在此基础上，选取中国对外承包工程业务所在的 115 个国家，收集其 2002~2014 年的相关数据，实证分析了对外承包工程对中国与东道国进出口贸易的影响，研究结果表明，对外承包工程通过引致需求效应、成本克服效应以及技术溢出效应促进了中国与东道国之间的贸易。其次，利用工具变量法讨论了内生性问题，回归结果表明，对外承包工程对两国之间的进出口贸易总额、出口、进口均有积极影响，对外承包工程完成营业额每增长 1%可以使中国对东道国的出口额增长 0.176%、从东道国的进口额增长 0.248%。最后，把样本分为 WTO 成员方与非 WTO 成员方进行对比发现，对外承包工程在非 WTO 成员方对进出口贸易的影响明显大于在 WTO 成员方的影响；按东道国经济发展水平把样本分为亚非拉发展中国家和欧美发达国家，结果显示，在亚非拉发展中国家承包工程对两国之间进出口贸易的影响大于在欧美发达国家承包工程对两国之间进出口贸易的影响。

本章的研究结论也给我们带来了一些政策启示：首先，我们应该更加重视对外承包工程对进出口贸易的促进作用，积极利用在国外承包工程的机会，带动上下游相关产业的出口贸易。例如，我们可以利用在海外承建高端工程的机会，带动相关高端装备制造业以及上下游产品"走出去"，实现"稳出口"的外贸目标。其次，要加强与亚非拉发展中国家以及贸易自由化程度较低的非 WTO 成员方进行工程承包合作，广大发展中国家是中国稳出口、促外贸的重要对象，发展中国家存在较多工程承包合作的机会。同时，相比发达国家，在发展中国家承包工程更能带动双边的进出口贸易。政府应该针对在发展中国家的对外承包工程提供优惠政策，为企业提供更加完善的"走出去"政策服务、健全对外承包工程的法律法规、建立对外承包工程的融资体系，为中国企业"走出去"承包工程、积极开发发展中国家市场做好服务支持。

6 对外承包工程与工业企业
出口扩张

第5章从国家宏观层面研究分析了中国对外承包工程对中国与东道国之间的进出口贸易规模的影响，从宏观视角证明了中国对外承包工程可以促进其与东道国的贸易，得出了一些有价值的结论。但是，宏观层面的研究存在一定的局限性，缺少微观企业层面的研究验证，不具说服力。以 Melitz 为代表的学者开创的新新贸易理论强调分析企业个体的异质性对企业出口的影响，同时学者们基于微观企业视角开展的研究也已经获得了较多的成果，奠定了微观研究的理论基础。为了更加深入了解中国对外承包工程对出口贸易的影响，本章进一步从微观企业层面进行研究，分析对外承包工程对个体企业出口贸易的影响，通过中国海关数据库与中国工业企业数据库，匹配企业出口—出口目的地+对外承包工程—工程东道国的数据进行实证检验。

6.1 引 言

近年来，中国经济增速减缓，但中国企业"走出去"步伐在不断加快，这也是中国经济进入新阶段的重要表现。改革开放以来，中国经济的飞速发展极大地受益于积极地参与全球化进程，特别是参与全球价值链分工，积极承接发达国家制造业的转移，中国成为世界工厂。随着"走出去"战略的提出和实施，近年来，中国企业开始逐步向海外发展，对外直接投资获得迅速增长。与此同时，作为另外一种国际经济合作方式，中国对外承包工程持续多年快速增长，2015 年合同金额达到 2100.7 亿美元，完成营业额 1540.7 亿美元，远远大于同期实际使用外资金额 1262.7 亿美元，也大于对外直接投资的 1456.67 亿美元，商务部公布的数据显示，到 2016 年底已经有超过 4000 家的中国企业在将近 200 个国家（地区）从事对外承包工程业务。可见，对外承包工程已经成为对外经济合作、实施"走出去"战略非常重要的一种方式。

对外承包工程是一种综合性的国际经济合作方式，与对外直接投资有很多共同点，两者都表现为资本跨境流动，同时都涉及人员、技术、管理、服务等交流。虽然学界对对外承包工程的研究还比较少，但是对对外直接投资的研究较多，形成了比较健全的理论体系，这对本章的研究非常有参考和借鉴价值。特别是边际产业扩张理论的提出，指出边际产业的对外投资带动了机器设备等相关物资及中间品的出口，母国与东道国之间的贸易与投资是互补的关系。之后，Head 和 Rtes（2001）、Hejazi 和 Safarian（2005）、Kleinert 和 Farid（2013）关于对外直接投资与国际贸易关系的进一步研究给本章的研究提供了理论分析基础。

传统对国际贸易的研究大多数是基于宏观层面的数据展开的，随着微观企业数据可获得性的提高，更多的学者开始利用微观企业数据研究企业的出口贸易。例如，蒋冠宏和蒋殿春（2014）、毛其淋和许家云（2014）基于中国工业企业数据库的数据并运用样本匹配、双重差分等方法，拓展了这一主题的研究。蒋冠宏和蒋殿春（2014）发现我国企业商贸服务、生产销售、技术研发、资源寻求四种不同类型的对外直接投资的出口效应并不相同，对外直接投资总体上促进了企业出口。还有学者利用微观企业数据从宏观经济视角探讨了出口增长的原因，陆利平和邱穆青（2016）利用工业企业数据库和海关数据库的匹配数据，在企业—产品目的地—产品类别层面，基于出口特征考察了商业信用对出口的促进作用。

从现有文献来看，国内外对对外承包工程的研究比较少，国内有少量文献但也大多从宏观视角展开研究，鲜有学者从微观视角研究对外承包工程对国内企业出口扩张的影响。所幸，现有大量研究对外直接投资、企业出口贸易的文献为本章提供了丰富的研究素材，其理论体系可以为本章的研究提供借鉴。另外，还没有发现研究对外承包工程对工业企业出口影响的文献，这给本章提供了研究契机。因此，本章借鉴研究工业企业出口贸易的相关方法和理论基础，将出口企业贸易数据、中国工业企业数据以及出口目的国的数据进行合并，利用企业、出口目的地及产品类别等多个层面上的信息，系统考察了对外承包工程对中国企业出口的促进作用及影响途径。本章主要尝试在两个方面对现有研究进行拓展：一是厘清对外承包工程对微观企业出口影响的机制，具体解释了对外承包工程如何影响微观企业的出口扩张；二是将中国按国别统计的对外承包工程数据与工业企业贸易数据、企业出口信息以及出口目的国的数据进行匹配，利用微观大样本数据进行实证检验，以期得到对外承包工程宏观影响微观企业出口扩张的有益政策建议。

6.2 研究假说

企业的出口扩张主要有宏观外部环境和企业个体异质性两个方面的影响因素。宏观外部环境包括经济制度安排、优惠政策（潘向东等，2005）；汇率的波动（谷任，2005；赵勇和雷达，2013）；世界经济周期的繁荣与低迷（郑宝银和林发勤，2009）等。企业个体异质性主要表现为生产率的差异，生产率较高的企业可以承担海外营销固定成本，进行出口贸易，生产率低的企业只能留在国内市场或者直接被淘汰（Melitz，2003）。对外承包工程是中国的承包企业对境外工程进行承包建设，给东道国提供资金、技术咨询、施工维护和建设等方面的服务，但是两者并不是一般意义上的服务或者劳务关系，所承建的工程具有较大的外溢影响，不仅影响工程建设单位的经济收入，而且对两国的经济发展、宏观经济环境、贸易关系也有很大影响，特别是对两国之间的贸易往来有很大的积极影响。总的来说，对外承包工程对东道国和母国之间的贸易影响主要有增加东道国的引致需求、降低贸易成本、技术溢出三个方面。本章研究对外承包工程对中国工业企业出口扩张的影响，因此先从对外承包工程的引致需求效应、成本克服效应、逆向技术溢出效应三个方面分析它对企业出口扩张的影响。

从工程承包分类来看，目前中国对外承包工程可以大致分为四大类：一是基础设施类工程承包，主要有交通基础设施如公路、码头、机场以及能源电力等基础项目的承建。二是生产部门的工程承包，主要指资源开发工程的建设，如油井、矿山的勘探、开发，以及工厂车间、新生产线的承建。三是住房等一般土木工程的承包，主要指大型住房项目、商业建筑工程的承包，以及学校、医院、体育场所、歌剧院等公益性公共事业工程的承包。四是国际援助类工程的承建，如其他国家或者国际公益机构援助工程的承建。

首先，对外承包工程的引致需求效应促进了企业出口规模的扩张。一方面，对外承包工程直接增加了工程物资的出口。Markusen（1995）认为对外承包工程公司在海外投资承建工程会从母国进口必要的机械设备、引进相应的技术，从而促进了母国相关企业的出口。因此，国内企业就可以通过与国际工程承包公司建立长期的供货关系带动货物的出口。例如，中国的水利水电公司在国外承建了很多水电站等大型工程项目，工程项目建设用到的物资、设备等大部分是在国内招标采购再通过海关出口到东道国的，这就增加了其相关货物供应商如特变电工、大唐发电等企业的出口。另一方面，对外承包工程完成相关的工程建设可使东道国的资源得到更好的开发利用，对那些资源丰富而自己又没有能力和条件进行资源开发的发展中国家影响更大，使这些国家有了资源开发能力，提高了其经济发展水平和国民的经济支付能力，进而增加了其对国外产品的进口（McCawley，2006）。中国国内企业对东道国的出口也因此可以进一步扩张。

其次，对外承包工程帮助东道国克服贸易成本，降低国内企业出口到东道国的成本，从而增加出口贸易总量。对外承包工程公司通过承建东道国的工程完善了东道国的交通基础设施，可以大大降低贸易运输成本。Bougheas等（1999）认为基础设施的完善可以大大减少企业参与国际贸易的运输成本，这对提高一个企业的竞争力、增加出口起到了很大的作用。

网络、通信基础设施的建设可以提高东道国的通信水平，降低企业获得所需要信息的成本。Freund 和 Weinhold（2004）研究了网络基础设施对一个国家出口的影响，发现网络可以大大降低贸易信息成本，网络服务器数量增加 10%可以增加出口额 0.2%。便利的网络、通信也可以简化东道国的贸易通关程序，提高贸易便利化程度，提升了东道国的贸易自由化水平，降低了海关成本。另外，对外承包工程还促进了人员交流，人员的流动也可以给国内的企业以及东道国的消费者带来信息溢出，进一步降低国内企业的信息成本及出口分销成本（Wilson，2016）。

最后，对外承包工程通过逆向技术溢出影响国内企业的生产率水平，增加出口的可能性。先进技术可以通过人员往来、技术交流等渠道溢出（Rodríguez-Clare，1996），对外承包工程公司可通过合作获得国外先进的技术或其他战略性资产，如对外承包工程公司的海外分支机构可以通过吸纳东道国人才等研发要素获得最新的技术，然后通过企业内部渠道将其所掌握的研发成果、信息技术逆向转移至母国的公司，即通过逆向技术溢出提高母国公司的生产效率。Yeaple（2005）研究了技术溢出对出口企业技术吸收、生产率提高的影响，研究证明技术的溢出有利于提高企业整体的生产率水平，但是对那些吸收能力较强的公司影响更大。

基于以上的分析，笔者提出本章的第一个假说。

假说 6-1：对外承包工程通过引致需求效应、成本克服效应及逆向技术溢出效应促进国内工业企业的出口扩张。

中国的对外承包工程公司以大型国有企业为主，这些大型承包工程企业与其上下游的企业存在所有制同属方面的关系，甚至有一些工程承包公司的上游供应商与其同属一个集团，其可以通过与对外承包工程公司的所有制"关系"取得业务，直接拉动其产品出口，因此对外承包工程的引致需求效应可能对国有企业影响更大。而民营及其他企业的规模通常比较小，对出口成本敏感，贸易成本的下降对它们来说无疑是增加出口的好机会（Holtz-Eakin and Schwartz，1995）。Gorg 和 Strobl（2001）研究发现跨国公司的技术溢出对中小企业生产率的提高有很大影响，他们认为中小企业正在成长壮大时期，容易通过技术溢出吸收先进技术提高生产率。因此，对外承包工程的逆向技术溢出对民营企业的影响可能更大。

基于以上分析，笔者提出本章的第二个假说。

假说6-2：对外承包工程对国有企业的引致需求效应更大，而民营企业及其他企业的成本克服效应和逆向技术溢出效应更大。

发达国家的基础设施比较完善，中国在发达国家承包工程对改善当地的基础设施降低对东道国贸易成本的作用有限。而非洲、亚洲等发展中国家的基础设施仍有待完善，中国在这些国家承包工程可以促进这些国家的基础设施完善，对降低这些国家的贸易成本的作用更大。另外，对外承包工程对发展东道国经济，开发当地资源、提高东道国的收入水平的作用更大，如在不发达的非洲国家加纳承建矿产开发工程比在澳大利亚承建矿产开发工程对当地的经济影响更大，产生的引致需求效应也更大。高新技术通常先在发达国家出现，发展中国家的技术比较落后，因此，逆向技术溢出一般发生在发达国家承包工程时。

基于以上分析，笔者提出本章的第三个假说。

假说6-3：对外承包工程对企业向发展中国家出口的影响更大，引致需求效应和成本克服效应在发展中国家更为明显，而发达国家的逆向技术溢出效应更为明显。

从企业所在行业来看，对外承包工程对不同行业的出口影响也不同，那些与工程建设相关的行业，如有色金属冶炼及压延加工业、金属制品业、通用设备制造业、专用设备制造业、交通运输设备制造业、电气机械及器材制造业，其出口量更可能因对外承包工程公司在国外承建工程而增加，其他行业由于与承包工程的关联度低，出口受到的影响较小。根据 Yilmaz（2002）对产品关联度的分类方法，本章把出口行业分为关联度高的行业和关联度低的行业，关联度高的行业企业可能更容易与工程承包公司建立业务关系，受引致需求效应和逆向技术溢出效应的影响更大。

基于以上分析，笔者提出本章的第四个假说。

假说6-4：对外承包工程对与其关联程度较高的行业企业出口扩张的影响更大。

6.3 数据说明与计量模型

6.3.1 数据说明

本章需要把中国对外承包工程的国别数据与中国海关数据库中企业出口目的地的数据进行匹配，再把企业的出口信息与中国工业企业数据库的企业信息匹配。对外承包工程数据，即每年中国在各个国家（地区）的对外承包工程的完成营业额来源于相关年份《中国统计年鉴》。企业出口贸易数据来源于中国海关数据库，包括出口总额、出口数量、运输方式、出口目的国、贸易方式、出口海关、产品类别以及企业的相关信息（主要有企业名称、电话号码、邮政编码等）。原始数据是月度数据，为了和工业企业数据进行匹配，需要把月度数据按照企业名称—产品类别—出口目的国—贸易方式的顺序进行加总处理。本章所需要的企业数据来自中国工业企业数据库，包括企业的营业收入、固定资产、外资总额、利息支出、应付工资、应付福利、从业人数、成立年份等方面的数据。

虽然中国工业企业数据与海关数据库提供了海量的样本数据，但是要利用它们做研究还需要进行合并处理。这两个数据库的企业代码不一致，在实际操作中会遇到不少困难，余淼杰（2013）就这两个数据库的数据匹配合并方法做了详细介绍。本章借鉴 Fan 等（2012）的方法进行数据合并操作，即先利用企业名称进行数据合并，通过这一步可以得到将近90%的样本。剩下的样本分别通过"电话号码后 7 位+邮政编码"或"电话号码+联系人"的方式进行识别。中国在 2001 年正式实施"走出去"战略，从 2002 年开始中国越来越多的企业"走出去"承包工程，基于对外承包工程的现实发展状况以及海关数据的可获得性，本章将研究期间确定为 2002 ~ 2006 年。

本章研究还用到中国对外承包工程的东道国宏观层面的数据，数据主要来源于法国 CEPII 数据库和世界银行 WDI 数据库，具体的变量说明及数据来源如表6-1所示。

表6-1　变量定义说明及数据来源

变量		变量定义说明	数据来源
企业出口	lnEXPORT	企业的年度出口值取对数	海关数据库
对外承包工程	lnFCP	国家对外承包工程每年的完成营业额，取对数	《中国统计年鉴》
企业变量	SIZE	企业规模=营业收入的自然对数	中国工业企业数据库
	AGE	企业年龄=当期−开工年份+1，取对数	
	TANGIB	有形资产率=固定资产/总资本	
	STATE_R	国有股比重=国有资本/总资本	
	FOR_R	外资比重=外资总额/总资本	
	FINAL	融资约束=利息支出/固定资产	
	lnPWAGEL	平均工资=（应付工资+应付福利）/从业人数，取对数	
	lnPFIXL	资本密集度=固定资产净值年均余额/从业人数，取对数	
	TFP_LP	企业全要素生产率=LP法估计的生产率	
出口目的国变量	lnDIS	出口目的国的距离=出口目的国与中国主要城市之间的距离，取对数	法国CEPII数据库
	OPEN	OPEN=（货物和服务的进口总额+货物和服务的出口总额）/GDP总额×100%	世界银行WDI数据库
	TERIFF_AV	关税=出口目的国所有产品加权平均适用海关税率	
	EXF	出口文件数量=目的国出口所需文件的总数量	
	lnPGDP	人均GDP=2010年美元不变价格的人均GDP，取对数	
	Resource_T	自然资源总租金=自然资源租金总和占GDP的比例	
	Customs_B	海关手续负担（1=效率极低，7=效率极高）	
	R&D	研发支出占GDP的比例	

6.3.2　变量说明和实证模型

在分析对外承包工程对企业出口的影响时，可能会存在由于出口目的国的需求变化而遗漏变量的问题，造成估计的偏差（陆利平和邱穆青，2016）。例如，南非由于国内的建设而增加对中国建材、机械以及其他物品的进口，增加了我们识别对外承包工程与出口贸易的因果关系的难度。因此，需要在实证模型中对遗漏变量问题加以控制，排除因遗漏变量引起的估计偏差，增加产品+目的国的固定效应模型分析，即增加企业 i 第 t 年出口到目的国的相应产品的增加值。借鉴 Paravisini 等（2014）的研究方法，构建本章的实证模型：

$$\ln(\text{export}_{idt}) = \varphi_0 + \theta_i + \rho_{dp} + \beta_1 \ln(\text{FCP}_{idt}) + \gamma_i \text{control}_{it} + \varepsilon_{itdp} \qquad (6\text{-}1)$$

其中，export_{idt} 被解释变量是企业 i 第 t 年对目的国 d 的出口值，取对数处理。核心解释变量是中国对外承包工程（FCP），自变量 FCP_{idt} 是企业 i 第 t 年在 d 国承包工程的完成营业额，同样取对数处理。为了控制因企业特征、东道国特征、行业产品特征造成的影响企业出口的遗漏变量，本章考虑了企业的固定效应 θ_i 和产品与出口目的国的固定效应 ρ_{dp}。

为了对对外承包工程的引致需求效应、成本克服效应及逆向技术溢出效应进行区分，需要在回归方程中加入能够反映引致需求、成本克服和技术溢出的代理变量及交乘项。本章分别用自然资源总租金（Resource_T）、海关手续负担（Customs_B）以及研发支出（R&D）作为代理变量。自然资源总租金越高代表该国的资源越丰富，对外承包公司的进入、承包建设这些国家的资源开发工程、基础设施工程将为这些国家创造更好的经济发展条件，提高当地的收入水平，有能力进口更多的国外产品，从而产生引致需求效应。海关手续负担是衡量一个国家的海关成本负担指标，海关手续负担越重通常意味着该国基础设施不太完善，贸易成本比较高。研发支出是指一个国家总的研发支出占 GDP 的比例，这个比例越高表示该国的研发投入越大，技术水平往往就越高（Barge-Gil and López，2015），通过对外承包工程渠道进行逆向技术溢出的可能性就越大。

其他变量包括企业和出口目的国两个层面的变量。企业层面的变量包括企业规模（SIZE），用企业营业收入的自然对数表示；企业年龄（AGE），计算方法为当期-开工年份+1，取对数表示；有形资产率（TANGIB）用固定资产/总资本表示；国有股比重（STATE_R）用国有资本/总资本表示；外资比重（FOR_R）用外资总额/总资本表示；融资约束（FINAL）用利息支出/固定资产表示；平均工资（lnPWAGEL）用（应付工资+应付福利）/从业人数的对数值表示；资本密集度（lnPFIXL）用固定资产净值年均余额/从业人数的对数值表示；企业全要素生产率（TFP_LP），采用 Levinsohn 和 Petrin 的半参数估计方法估计得到。出口目的国层面的变量包括出口目的国的距离（lnDIS），用出口目的国与中国主要城市之间的距离取对数表示；经济开放度（OPEN），用［（货物和服务的进口总额+货物和服务的出口总额）/GDP 总额×100%］表示；关税（TERIFF_AV）用目的国的所有产品加权平均适用海关税率表示；出口文件数量（EXF）用目的国出口所需文件的总数量表示；人均 GDP（lnPGDP）用 2010 年的美元不变价格的人均GDP 取对数表示。

表 6-2 报告了所有变量的描述性统计结果。从表中可以看到，融资约束存在明显的离群值，因此需要做去离群值处理，这里对样本进行上下 1%的 Winsorize 缩尾处理，后面的实证分析利用通过缩尾处理的数据进行回归。样本的容量超过 255 万条，满足了大样本实证的要求。

表 6-2　变量的描述性统计结果

变量	观测数	均值	标准差	最小值	最大值
lnEXPORT	2555808	9.657	2.519	0.693	21.848
lnFCP	2555815	8.837	1.999	0.693	12.066
SIZE	2555771	11.228	1.516	0.693	18.872
AGE	2555076	2.085	0.641	0.693	7.498
TANGIB	2555815	0.304	0.180	0.000	1.495
STATE_R	2552212	0.062	0.206	0.000	1.224
FOR_R	2552212	0.493	0.443	-0.224	1.000
FINAL	2555815	0.085	2.032	-287.255	930.000
lnPWAGEL	2555210	2.734	0.610	-5.202	9.261
lnPFIXL	2553013	3.439	1.315	-6.502	10.924

变量	观测数	均值	标准差	最小值	最大值
TFP_LP	2555707	7.167	1.220	-2.322	12.454
lnPGDP	2555815	9.813	1.250	5.269	11.407
lnDIS	2555815	8.712	0.723	6.862	9.868
OPEN	2555815	0.589	0.552	0.172	3.454
TERIFF_AV	2555815	3.923	4.177	0.010	33.000
EXF	2555815	4.175	1.933	1.800	15.000
Resource_T	2555815	5.1789	10.711	0.0004	92.019
Customs_B	2555815	4.691	0.8434	1.394	7.134
R&D	2555815	1.655	1.109	0.005	4.132

6.4 实证结果分析

6.4.1 基本回归结果

表6-3报告了中国对外承包工程对国内工业企业出口影响的基本回归结果。表中列（1）和列（2）是用普通最小二乘法（OLS）估计所得的结果，结果显示对外承包工程的回归系数为正，而且在1%的显著性水平上显著。从结果可以看出，中国的对外承包工程增长1%的营业额，工业企业的出口大约有0.08%的增长，这似乎看起来经济意义不大。但是，如果考虑到中国的对外承包工程目前正处于高速增长阶段，营业额每年实现20%左右的高速增长，那么总的经济意义还是比较大的。列（3）和列（4）加入企业的固定效应，估计结果与OLS的估计结果差不多，回归系数略有增大。列（5）和列（6）同时考虑企业出口目的国和产品类型的固定效应，对外承包工程的回归系数依然在1%的显著性水平上显著，只是系数有所变小。

综合表6-3的回归结果来看，这些回归结果均支持了对外承包工程促进中国工业企业出口贸易增长的假说。其他变量回归系数的符号也基本上符合理论预期，各个模型的 F 检验也拒绝了模型联合显著性不显著的假设。这些变量的回归结果也与现有的文献结果以及经济学理论相吻合，说明加入这些变量是合理而且必要的。综上可见，中国的对外承包工程可以对国内出口企业的出口扩张带来积极影响，促进了国内工业企业向对外承包工程东道国的出口扩张，由此验证了本章的假说 6-1。

表6-3 对外承包工程与工业企业出口扩张的回归结果

变量	(1) lnEXPORT	(2) lnEXPORT	(3) lnEXPORT	(4) lnEXPORT	(5) lnEXPORT	(6) lnEXPORT
lnFCP	0.079*** (0.001)	0.080*** (0.001)	0.086*** (0.001)	0.090*** (0.001)	0.031*** (0.001)	0.011*** (0.002)
SIZE		0.213*** (0.002)		0.184*** (0.006)		0.116*** (0.002)
AGE		-0.057*** (0.002)		-0.076*** (0.007)		-0.009*** (0.002)
TANGIB		0.495*** (0.011)		0.005 (0.022)		0.400*** (0.010)
STATE_R		0.126*** (0.008)		-0.017 (0.014)		-0.030*** (0.008)
FOR_R		-0.165*** (0.004)		-0.014 (0.014)		-0.048*** (0.004)
FINAL		1.248*** (0.022)		-0.067* (0.039)		0.615*** (0.021)
lnPWAGEL		-0.177*** (0.003)		-0.014*** (0.005)		-0.054*** (0.003)
lnPFIXL		0.020*** (0.002)		-0.003 (0.004)		0.015*** (0.002)
TFP_LP		-0.083*** (0.002)		-0.000 (0.004)		-0.019*** (0.002)
lnPGDP		0.021*** (0.002)		0.050*** (0.002)		0.912*** (0.047)
lnDIS		-0.071*** (0.002)		0.045*** (0.003)		— —

变量	（1） lnEXPORT	（2） lnEXPORT	（3） lnEXPORT	（4） lnEXPORT	（5） lnEXPORT	（6） lnEXPORT
OPEN		−0.246*** （0.003）		−0.220*** （0.003）		−0.043 （0.026）
TERIFF_AV		−0.006*** （0.001）		−0.009*** （0.001）		−0.004*** （0.001）
EXF		−0.054*** （0.001）		−0.045*** （0.001）		−0.025*** （0.006）
常数项	8.946*** （0.007）	8.353*** （0.036）	8.887*** （0.007）	6.479*** （0.062）	9.371*** （0.012）	−0.428 （0.449）
固定效应	—	—	企业	企业	产品—目的国	产品—目的国
样本量	2644460	2573295	2580614	2573295	2580614	2573295
R^2	0.004	0.021	0.206	0.211	0.196	0.201
F统计量	1.0e+04	3743.853	1.2e+04	1950.317	556.571	943.856

注：*、**、***分别表示在10%、5%、1%的显著性水平上显著，括号内为标准误。

6.4.2 具体机制分析

企业的出口扩张既受到出口目的地宏观经济条件，如出口目的地收入水平、交通运输状况等外部因素的影响，也受到企业本身生产率的影响。笔者在前文已经分析了对外承包工程对出口贸易的影响机制，即对外承包工程通过引致需求效应、成本克服效应及逆向技术溢出效应促进企业的出口贸易，以下分别用自然资源总租金（Resource_T）、海关手续负担（Customs_B）以及研发支出（R&D）作为代理变量，加入交乘项进行检验（见表6-4）。

表6-4 对外承包工程与工业企业出口扩张具体机制分析

变量	（1） 引致需求效应 lnEXPORT	（2） 成本克服效应 lnEXPORT	（3） 逆向技术溢出效应 lnEXPORT
lnFCP	0.012*** （0.002）	0.013* （0.007）	0.010*** （0.003）

续表

变量	（1）引致需求效应	（2）成本克服效应	（3）逆向技术溢出效应
	lnEXPORT	lnEXPORT	lnEXPORT
lnFCP×Resource_T	0.002** （0.001）		
lnFCP×Customs_B		0.005*** （0.001）	
lnFCP×R&D			0.001* （0.001）
Resource_T	0.003 （0.002）	0.000 （0.001）	0.000 （0.001）
Customs_B	−0.101*** （0.017）	−0.035* （0.018）	−0.100*** （0.017）
R&D	0.012 （0.021）	0.008 （0.021）	0.046 （0.030）
SIZE	0.116*** （0.002）	0.116*** （0.002）	0.118*** （0.002）
AGE	−0.009*** （0.002）	−0.009*** （0.002）	−0.009*** （0.002）
TANGIB	0.400*** （0.010）	0.400*** （0.010）	0.334*** （0.010）
STATE_R	−0.029*** （0.008）	−0.029*** （0.008）	−0.030*** （0.008）
FOR_R	−0.048*** （0.004）	−0.048*** （0.004）	−0.064*** （0.004）
FINAL	0.615*** （0.021）	0.615*** （0.021）	0.005*** （0.001）
lnPWAGEL	−0.055*** （0.003）	−0.055*** （0.003）	−0.057*** （0.003）
lnPFIXL	0.016*** （0.002）	0.016*** （0.002）	0.015*** （0.002）
TFP_LP	−0.019*** （0.002）	−0.019*** （0.002）	−0.019*** （0.002）

续表

变量	（1） 引致需求效应	（2） 成本克服效应	（3） 逆向技术溢出效应
	lnEXPORT	lnEXPORT	lnEXPORT
lnPGDP	0.882 *** （0.051）	0.919 *** （0.053）	0.882 *** （0.051）
lnDIS	— —	— —	— —
OPEN	−0.035 （0.027）	−0.045 * （0.027）	−0.034 （0.027）
TERIFF_AV	−0.004 *** （0.001）	−0.004 *** （0.001）	−0.004 *** （0.001）
EXF	−0.026 *** （0.006）	−0.027 *** （0.006）	−0.026 *** （0.006）
常数项	−0.580 （0.484）	−0.612 （0.484）	−0.534 （0.483）
N	2573295	2573295	2573295
调整 R^2	0.201	0.201	0.201
F	736.227	736.524	736.230

注：* 、* * 、* * * 分别表示在10%、5%、1%的显著性水平上显著，括号内为标准误。

回归结果如表6-4所示，可以看到对外承包工程的系数均为正，而且至少在10%的显著性水平上显著。自然资源总租金（Resource_T）的系数在三个回归模型中均为正，但是都没有通过显著性水平检验。对外承包工程与自然资源总租金的交乘项为正，并且通过了5%的显著性水平检验，这说明东道国的自然资源越丰富，对外承包工程的引致需求效应就越大，表明对外承包工程通过引致需求效应促进了国内工业企业的出口。海关手续负担（Customs_B）的回归系数为负，而且通过了显著性水平检验，说明东道国的贸易成本越大，对企业出口的阻碍作用越大（Deardorff，2014）。对外承包工程与海外手续负担的交乘项为正，并且通过了1%的显著性水平检验，说明东道国的贸易成本越大，对外承包工程对贸易成本的克服越明显，通过克服贸易成本的出口效应就越大。研发支出（R&D）的回归系数为正，但是均没有通过显著性水平检验，对外承包工程与研发支出（R&D）的交乘项为正并且在 10% 的显著性水平上显著，说明东道国的研发投入越大，对外承包工程通过逆向技术溢出促进国内企业出口的作用越明显。其他控制变量的结果也与经济学理论预期相吻合，由此验证了对外承包工程通过引致需求效应、成本克服效应以及逆向技术溢出效应促进国内工业企业的出口扩张，进一步验证了本章的假说 6-1。

6.4.3 按出口企业所有制属性分析

表 6-5 是按企业的所有制分类的回归结果。根据企业的所有制性质，把企业分为国有企业和民营企业，把民营及其他企业统一归入民营企业由表 6-5 所示的引致需求效应的回归结果可以看到，国有企业的对外承包工程、对外承包工程与自然资源总租金交乘项的回归系数比民营企业略大，表明对外承包工程的引致需求效应对国有企业出口扩张的影响更大。这可以从企业所有制关系得出解释，对外承包工程公司以国有企业为主，其中大型央企大多位于前列。在 2016 年全球最大 250 家国际承包商榜单中，排在前 5 名的中国对外承包工程企业分别是中国交通建设股份有限公司、中国电力建设集团有限公司、中国建筑工程总公司、中国中铁股份有限公司、中国机械工业建设集团有限公司，这些都是"旗舰"型的工程承包公司，对外承包工程企业中民营企业比较少。国有工业企业与对外承包工程公司有所有制"关系"上的优势，国有企业更容易与同一体制下的企业进行业务联系（刘斌和王杰，2016）。因此，对外承包工程公司在海外承建工程更有可能与国有工业企业发生业务关系，这更多地促进了国有工业企业的出口贸易。另外，对外承包工程公司在海外承建工程所需要的产品由于存在进入门槛，大多由一些大型国有企业生产，因此对外承包工程公司在海外承包工程就带动了这些产品的出口。例如，中国中铁股份有限公司近几年在国外承包了大量的铁路工程建设，可以带动轨道、轨道车辆等产品出口，这些产品也大多由国有企业提供。

成本克服效应模型中民营企业的对外承包工程与海关手续负担的交乘项、逆向技术溢出效应模型中对外承包工程及对外承包工程与研发支出的交乘项的回归系数比国有企业略大，表明对外承包工程的成本克服效应和逆向技术溢出效应对民营企业出口扩张的影响更大。在市场经济条件下，民营企业没有国有企业所有制上的优势，它们必须自负盈亏，要在市场中存活只有持续创新，提高生产率（Li，2008）。因此，当敏锐的民营企业发现某个国家的贸易成本下降时，企业能迅速作为出口的决定，对外承包工程的成本克服效应对民营企业的出口影响更大。同样，民营企业对技术溢出的敏感度也更高，国有企业由于体制的原因，对新技术的学习、吸收没有民营企业那么积极（罗小芳和卢现祥，2016）。面对对外承包工程所引起的逆向技术溢出，民营企业通过积极学习、吸收、模仿，就能提高企业的生产率，进而提升自己的出口能力。因此，对外承包工程的逆向技术溢出效应对民营企业出口扩张的影响更大，从而验证了本章假说6-2。

表6-5　按企业所有制分类的对外承包工程与工业企业出口的回归结果

变量	（1）引致需求效应		（2）成本克服效应		（3）逆向技术溢出效应	
	国有	民营	国有	民营	国有	民营
	lnEXPORT	lnEXPORT	lnEXPORT	lnEXPORT	lnEXPORT	lnEXPORT
lnFCP	0.014*** (0.004)	0.012*** (0.002)	0.015*** (0.002)	0.013*** (0.001)	0.014* (0.008)	0.016*** (0.003)
lnFCP×Resource_T	0.002** (0.001)	0.001*** (0.000)				
lnFCP×Customs_B			0.001*** (0.000)	0.002** (0.001)		
lnFCP×R&D					0.002*** (0.000)	0.005** (0.002)
Resource_T	0.007 (0.004)	0.001 (0.002)	0.003* (0.002)	0.001 (0.001)	0.004** (0.002)	0.001 (0.001)
Customs_B	−0.351*** (0.045)	−0.064*** (0.020)	−0.163** (0.049)	−0.009** (0.004)	−0.350*** (0.045)	−0.064*** (0.020)
R&D	0.197*** (0.057)	0.037 (0.024)	0.203*** (0.057)	0.034 (0.024)	0.031 (0.077)	0.036 (0.034)

续表

变量	(1) 引致需求效应		(2) 成本克服效应		(3) 逆向技术溢出效应	
	国有	民营	国有	民营	国有	民营
	lnEXPORT	lnEXPORT	lnEXPORT	lnEXPORT	lnEXPORT	lnEXPORT
常数项	-3.877*** (1.025)	-0.211 (0.571)	-3.900*** (1.024)	-0.257 (0.572)	-3.880*** (1.024)	-0.188 (0.571)
N	349486	2107748	349486	2107748	349486	2107748
调整 R^2	0.343	0.199	0.343	0.199	0.343	0.199
F	139.522	533.957	140.206	534.146	140.090	533.898

注：*、**、***分别表示在10%、5%、1%的显著性水平上显著，括号内为标准误。

6.4.4 按东道国类型分析

表6-6报告了对对外承包工程的东道国进行分类的回归结果。根据经济发展水平，可把东道国分为发达国家和发展中国家，从回归结果来看，不管是发达国家还是发展中国家对外承包工程的回归系数均为正数，而且在1%或5%的显著性水平上显著。在引致需求效应模型和成本克服效应模型中，发展中国家的对外承包工程及其交乘项的回归系数比发达国家要大，表明对外承包工程的引致需求效应和成本克服效应对企业出口到发展中国家的影响更大。这可以用边际收益递减规律来解释，同样的一个工程，对发达国家与对发展中国家的作用是不一样的。对于欠发达的国家，建造基础设施工程可以大大提高其经济发展能力（Helble，2012），降低当地贸易成本，而在发达国家则不一样，因为发达国家的基础设施已经比较完善，经济发展水平较高，该类对外承包工程的引致需求效应和成本克服效应就没有发展中国家那么明显。在表6-6的逆向技术溢出模型中，发达国家的对外承包工程与研发支出的交乘项的回归系数更大，说明对外承包工程在发达国家的逆向技术溢出效果更好，发展中国家的技术水平比较低，技术溢出效果没有发达国家好。由此，验证了本章的假说6-3。

表 6-6 按东道国类型分类的对外承包工程与工业企业出口的回归结果

变量	（1）引致需求效应		（2）成本克服效应		（3）逆向技术溢出效应	
	发达国家	发展中国家	发达国家	发展中国家	发达国家	发展中国家
	lnEXPORT	lnEXPORT	lnEXPORT	lnEXPORT	lnEXPORT	lnEXPORT
lnFCP	0.009** (0.004)	0.014*** (0.002)	0.010*** (0.001)	0.013*** (0.004)	0.008*** (0.002)	0.011** (0.005)
lnFCP×Resource_T	0.001*** (0.000)	0.003** (0.002)				
lnFCP×Customs_B			0.001*** (0.000)	0.004** (0.002)		
lnFCP×R&D					0.003** (0.002)	0.001*** (0.000)
Resource_T	0.045 (0.115)	0.002 (0.002)	0.010* (0.004)	0.001 (0.001)	0.013 (0.104)	0.000 (0.001)
Customs_B	−0.086*** (0.022)	−0.074** (0.030)	−0.102** (0.050)	−0.035 (0.048)	−0.088*** (0.022)	−0.068** (0.030)
R&D	0.000 (0.029)	0.241 (0.209)	0.002 (0.029)	0.254 (0.309)	−0.064 (0.137)	−0.016 (0.115)
常数项	−6.009*** (1.104)	1.808*** (0.459)	−5.715*** (1.093)	1.912*** (0.470)	−4.896*** (1.096)	2.143*** (0.474)
N	1737174	836121	1737174	836121	1737174	836121
调整 R^2	0.178	0.259	0.178	0.259	0.178	0.259
F	428.294	326.090	428.342	325.969	427.593	326.390

注：*、**、***分别表示在10%、5%、1%的显著性水平上显著，括号内为标准误。

6.4.5 按行业关联度分析

表 6-7 报告了按行业关联度分类的对外承包工程对工业企业出口影响的回归结果。根据产品与对外承包工程的关联程度把工业行业分为关联度高的行业和关联度低的行业。把非金属矿物制品业，黑色金属冶炼及压延加工业，有色金属冶炼及压延加工业，金属制品业，通用设备制造业，专用设备制造业，交通运输设备制造业，电气机械及器材制造业，通信设备、

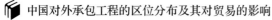

计算机及其他电子设备制造业，仪器仪表及文化、办公用机械制造业划为关联度高的行业，剩下的制造业行业划为关联度低的行业。从表6-7可以看到，在引致需求模型中，关联度高的行业组的变量回归系数更大，表明对外承包工程对关联度高的行业企业的出口影响更大，通过引致需求效应，对外承包工程可以直接带动关联度高的行业产品的出口，因此对关联度高的行业企业的出口影响更大。在 Feinberg（2001）的研究中，逆向技术溢出首先在本行业相近的企业之间发生，随后扩散到其他行业。然而，实证研究结果表明，成本克服效应模型和技术逆向溢出效应模型的回归系数在关联度低的行业中更大。这表明，尽管技术溢出最初倾向于在相似的行业中传播，但关联度低的行业之间的技术传播和成本克服效应可能更为显著。这可能是因为关联度低的行业没有直接的竞争关系，更倾向于通过市场机制、研发合作或开放式创新等方式吸收和应用不同领域的技术，尤其是在这些技术能降低生产成本或提升工艺效率的情况下。因此，技术逆向溢出效应不只限于行业内，还在关联度低的行业中表现显著，这进一步丰富了我们对技术溢出路径和机制的理解。由此，验证了本章的假说6-4。

表6-7 按行业关联度分类的对外承包工程对工业企业出口的影响

变量	（1）引致需求效应		（2）成本克服效应		（3）逆向技术溢出效应	
	关联度高的行业	关联度低的行业	关联度高的行业	关联度低的行业	关联度高的行业	关联度低的行业
	lnEXPORT	lnEXPORT	lnEXPORT	lnEXPORT	lnEXPORT	lnEXPORT
lnFCP	0.013 *** (0.003)	0.007 *** (0.001)	0.011 *** (0.001)	0.012 *** (0.002)	0.009 ** (0.004)	0.010 *** (0.002)
lnFCP×Resource_T	0.003 ** (0.001)	0.001 * (0.001)				
lnFCP×Customs_B			0.003 *** (0.001)	0.002 ** (0.001)		
lnFCP×R&D					0.003 *** (0.000)	0.001 * (0.001)

续表

变量	(1) 引致需求效应		(2) 成本克服效应		(3) 逆向技术溢出效应	
	关联度 高的行业	关联度 低的行业	关联度 高的行业	关联度 低的行业	关联度 高的行业	关联度 低的行业
	lnEXPORT	lnEXPORT	lnEXPORT	lnEXPORT	lnEXPORT	lnEXPORT
Resource_T	0.003 (0.003)	0.003 (0.002)	0.001 (0.001)	−0.000 (0.001)	0.001 (0.001)	−0.000 (0.001)
Customs_B	−0.105** (0.030)	−0.075*** (0.021)	−0.049 (0.048)	−0.022 (0.035)	−0.104*** (0.030)	−0.076*** (0.021)
R&D	0.015 (0.038)	−0.019 (0.025)	0.018 (0.038)	−0.014 (0.025)	−0.053 (0.051)	−0.026 (0.036)
常数项	−0.134 (0.764)	−0.037 (0.620)	−0.155 (0.764)	−0.067 (0.621)	−0.108 (0.763)	0.002 (0.620)
N	1065503	1507792	1065503	1507792	1065503	1507792
调整 R^2	0.229	0.218	0.229	0.218	0.229	0.218
F	210.954	869.097	211.056	869.143	211.167	868.953

注：*、**、***分别表示在10%、5%、1%的显著性水平上显著，括号内为标准误。

6.4.6　稳健性检验

前文分析了对外承包工程的引致需求效应、成本克服效应及逆向技术溢出效应，并分别利用自然资源总租金（Resource_T）、海关手续负担（Customs_B）以及研发支出（R&D）作为代理变量进行回归识别，但是这几个变量有可能由于度量误差使回归结果产生偏误。为了提升研究结果的稳健性，笔者使用其他代理变量进行回归检验。首先，根据东道国石油、天然气、矿产资源的人均量进行综合排名，然后将前一半排名的国家赋值为1，将后一半排名的国家赋值为0，构建东道国引致需求能力的代理变量（Dummy_R）。其次，根据人均公路里程对各国进行排名，然后将前一半排名的国家赋值为1，将后一半排名的国家赋值为0，构建东道国的贸易成本虚拟变量（Dummy_C），这样做的依据是假定一个国家的人均公路里程越短，它的基础设施越不完善，贸易成本就越高。最后，信息与通信技术的发展程度是衡量一个国家技术水平高低的指标，信息与通信技术越发达的国家通常技术创新能力都比较强（Oliner and Sichel，2002）。本章利用东道国每100人拥有电话线路的数量和每100人拥有网络服务器的数量构建信息与通信（IC）指标，IC等于这两个的数据相乘再开平方。用这三个代理变量重新进行回归，回归结果如表6-8所示，仍然得到一致的结论。

表6-8　稳健性检验

变量	(1) 引致需求效应 lnEXPORT	(2) 成本克服效应 lnEXPORT	(3) 逆向技术溢出效应 lnEXPORT
lnFCP	0.008 *** (0.002)	0.008 *** (0.002)	0.013 *** (0.004)
lnFCP×Dummy_R	0.010 *** (0.004)		
lnFCP×Dummy_C		0.010 *** (0.004)	
ln（FCP）×IC			0.001 *** (0.000)
IC	0.004 *** (0.001)	0.005 *** (0.001)	0.003 *** (0.001)
SIZE	0.118 *** (0.002)	0.118 *** (0.002)	0.118 *** (0.002)
AGE	−0.009 *** (0.002)	−0.009 *** (0.002)	−0.009 *** (0.002)
TANGIB	0.334 *** (0.010)	0.334 *** (0.010)	0.334 *** (0.010)
STATE_R	−0.030 *** (0.008)	−0.030 *** (0.008)	−0.030 *** (0.008)
FOR_R	−0.064 *** (0.004)	−0.064 *** (0.004)	−0.064 *** (0.004)
FINAL	0.005 *** (0.001)	0.005 *** (0.001)	0.005 *** (0.001)

变量	（1） 引致需求效应	（2） 成本克服效应	（3） 逆向技术溢出效应
	lnEXPORT	lnEXPORT	lnEXPORT
lnPWAGEL	−0.057*** （0.003）	−0.057*** （0.003）	−0.057*** （0.003）
lnPFIXL	0.015*** （0.002）	0.015*** （0.002）	0.015*** （0.002）
TFP_LP	−0.019*** （0.002）	−0.019*** （0.002）	−0.019*** （0.002）
lnPGDP	0.820*** （0.050）	0.849*** （0.048）	0.842*** （0.049）
lnDIS	— —	— —	— —
OPEN	0.032 （0.027）	0.051* （0.027）	0.048* （0.027）
TERIFF_AV	−0.004*** （0.001）	−0.004*** （0.001）	−0.004*** （0.001）
EXF	−0.027*** （0.006）	−0.027*** （0.006）	−0.027*** （0.006）
常数项	0.685 （0.497）	0.431 （0.475）	0.450 （0.484）
N	2573295	2573295	2573295
调整 R^2	0.200	0.200	0.200
F	775.884	775.907	775.611

注：*、**、***分别表示在 10%、5%、1%的显著性水平上显著，括号内为标准误。

6.5 本章小结

本章通过匹配企业出口贸易数据、工业企业数据以及对外承包工程国

别数据，选取 2002~2006 年的工业企业数据，研究了中国对外承包工程如何影响国内工业企业对东道国的出口贸易扩张，结果显示：

中国对外承包工程的完成营业额每增长 1%，国内工业企业的出口额大约增长 0.08%，这似乎看起来经济意义不大，但是如果考虑到中国的对外承包工程目前正处于高速增长阶段，每年实现营业额 20% 左右的高速增长，那么对企业出口总的经济意义还是比较大的。为了避免因遗漏变量导致的估计偏误，本章考虑了企业个体的固定效应以及企业出口目的国和产品类型的固定效应，对外承包工程的回归系数依然在 1% 的水平上显著，这些回归结果均支持了对外承包工程促进中国工业企业出口贸易增长的假说。通过影响机制分析，本章验证了对外承包工程通过引致需求效应、成本克服效应及逆向技术溢出效应对国内工业企业出口产生的影响。进一步分析发现，对外承包工程对所有制不同的企业、向不同发展水平的国家出口的企业、行业关联度不同的企业的影响也不一样。具体来说，其对国有企业的引致需求效应更大，而对民营企业的成本克服效应和逆向技术溢出效应更大；对向发展中国家出口的企业的影响更大，引致需求效应和成本克服效应在发展中国家更为明显，而在发达国家的逆向技术溢出效应更为明显；对上游关联程度高的行业企业出口扩张的影响更大。最后，笔者构建了代理变量进行回归，仍然得到一致的结论，说明本章的研究结果是稳健的。

7 对外承包工程对出口商品
结构的影响

第 5 章的实证分析表明，对外承包工程不仅能够促进中国的出口贸易，而且对进口规模也有积极影响。对外承包工程通过降低东道国的贸易成本、有效绕开贸易壁垒等效应促进中国与东道国之间贸易规模的增长。第 6 章的研究进一步表明对外承包工程对国内企业的出口有显著的促进作用。然而，对外承包工程对贸易的影响不局限于对贸易规模的促进这一个方面，对贸易结构的影响也是一个重要方面。本章主要研究对外承包工程对出口贸易商品结构的影响，首先，探讨对外承包工程对出口商品结构的影响机制。其次，构建出口商品结构指标并分析出口商品结构的变动状况。再次，实证检验对外承包工程对出口商品结构的影响，实证检验将分为两个部分：一是利用时间序列数据模型检验对外承包工程与出口商品结构优化是否存在因果关系；二是利用面板数据模型检验对外承包工程对商品结构优化升级的影响。最后，总结本章的研究结果和政策启示。

7.1 引言

出口商品结构反映了一个国家或地区在一定时期内所有出口商品的比例关系，体现了不同种类的商品在该国出口中的重要程度。出口商品结构的影响因素主要为宏观经济因素，如一国的产业发展结构、经济发展水平、贸易发展政策以及要素资源禀赋。另外，出口商品结构也反映了一国的经济发展水平、科技实力以及产业发展高度。

出口商品结构是国际贸易研究的重点领域。国外学者对进出口商品结构进行了大量研究，形成了一系列理论，对国家产业的发展政策以及跨国企业分工等问题进行了讨论。最早关注出口商品结构问题的经济学家是德国经济学家李斯特，他在其代表作《政治经济学的国民体系》中系统阐述了一国的贸易结构转变理论，随着研究的深入，西方经济学家逐渐达成了一种共识，即认为一国的贸易结构取决于该国的贸易条件，只要改善贸易条件，那么贸易结构就可以从以初级产品为主的低级结构向以工业品为主的高级结构转换。随着技术发展水平的变化，一国工业品的贸易条件也可能变化，于是，经济学家刘易斯指出贸易条件的变动趋势取决于国家所处发展阶段的性质而不是之前认为的商品属性。Balassa 提出了比较优势阶梯论，之后小岛清提出了"雁阵"产业结构发展形态理论。然而，这些理论遭到很多学者质疑和批评。为了进一步研究贸易商品结构的影响因素，国外学者开始采用实证检验的方法。Ishida（1994）研究了 20 世纪 80 年代日本的对外直接投资现象，实证检验发现对外直接投资使日本国内更加集中于生产和出口技术水平与附加值都高的产品，优化了日本的商品出口结构。Mayer 等（2001）基于新古典贸易理论研究非洲国家长期出口初级品、出口商品结构处于低级阶段的原因，结果显示其根本原因是非洲地区受教育水平低下但自然资源丰富。

国内的学者也很重视出口商品结构，从不同角度对其进行了研究。林毅夫等（1999）认为一国在国际分工中的地位和出口商品结构取决于其要素禀赋和技术水平。杨逢珉和周琳姐（2011）研究了中国和日本的商品出口结构，进一步肯定了要素禀赋在短期内决定出口结构。陈俊聪和黄繁华（2014）研究分析发现对外直接投资对贸易规模有扩大效应，从出口结构来看，对外直接投资可以"创造"一些新行业的出口，增加高技术行业产品的出口，优化了出口结构。还有不少学者从对外直接投资的角度研究出口商品结构的变动，如史小龙和张峰（2004）、吴凯波（2010）、赵培华（2012）、胡方等（2013），他们基于不同的商品分类方法分析了改革开放以来中国出口商品结构的演进趋势，实证验证了对外直接投资对出口商品结构的高级化发展具有积极的影响。

　　综上所述，从现有文献来看，学者确实很重视对出口商品结构的研究，然而，这些研究大部分是基于发达国家进行的，研究方法可能并不完全适合发展中国家。中国是世界上最大的发展中国家，有自身的经济发展特点，中国通过对外承包工程不断与他国建立贸易联系，那么对外承包工程对中国的贸易商品结构有何影响？是否优化了出口商品结构？对这些问题的研究和回答为我国寻找贸易出口增长点、优化出口结构有重要的现实意义。本章尝试对这些问题进行深入探讨，以期对中国利用对外承包工程发展机遇优化出口商品结构、提高贸易竞争力，实现贸易转型升级提供实证依据。

7.2　对外承包工程对出口商品结构的影响分析

　　中国对外承包工程按投资动机的不同大致可以分为三类：一是资源导向型工程承包，很多工程项目采用"以资源换项目"的合作形式，是为了获取资源而承包工程。例如，中国在南非、智利、刚果、澳大利亚、俄罗斯等国承建资源工程项目很大程度上是为了满足国内的资源需求，通过承包工程获取国内发展短缺的资源。二是市场寻求型工程承包，主要是在发展较快的国家承包工程，如在东南亚、非洲等快速发展的发展中国家承包大型住房项目，以及学校、医院、体育场所、歌剧院等公共事业工程。当然，市场寻求型工程承包也包括中国利用技术优势承包发达国家的重大工程，如近几年中国与俄罗斯等几十个国家签约高铁合作项目，与英国签订核电工程合作项目。三是援建类工程的承建。这类工程主要是指国外机构、政府对不发达国家的援助项目，或者中国政府对他国的战略援助项目，这类工程承包建设的主体也是中国的企业。对外承包工程对商品出口结构的影响主要有两方面，即直接影响和间接影响，直接影响是指中国对外承包工程活动直接导致国内商品出口结构改变；间接影响是指中国对外承包工程改变了国内的产业结构，国内产业结构转型升级进而优化了出口商品结构。以下将从这两个方面加以分析。

7.2.1 对外承包工程对出口商品结构的直接影响

（1）资源导向型工程承包。资源导向型工程增加了东道国对高端工程机械等设备和工程材料的需求，提升了工业制成品的出口比例，由此优化了出口商品结构。

（2）市场寻求型工程承包。市场寻求型工程承包是利用自己掌握的核心技术优势在承包市场获得工程，这直接增加了高端技术工程装备的出口，即对外承包工程直接增加了高端设备、工程材料等高新技术产品的输出。例如，近几年中国不断在海外承建高铁项目，可以带动高铁上游产业产品的出口，大大提升相关高端产品出口比重。同样，中国对外承包工程公司在国外承建核电工程项目也可以带动上游产业产品的出口，这些产品大多属于高新技术产品，从而提升了高新技术产品的出口比例。

（3）援建类工程的承建。援建类工程主要通过增加东道国的引致需求而增加相关产品出口，进而改变中国的出口商品结构。例如，中国援建图书馆、体育馆等民生性、公益性工程，增加了东道国对房地产、公共事业等下游产业商品的需求，包括机电、电器等商品的需求，改变了中国出口商品的结构。

因此，一般来说，对外承包工程主要通过引致需求效应直接影响出口商品结构，海外工程的承建能扩大高端装备技术行业产品出口的规模，达到优化出口商品结构的效果。

7.2.2 对外承包工程对出口商品结构的间接影响

资源导向型工程很多是采用"以工程换资源"的合作方式，如中国在资源丰富的中东、非洲、拉丁美洲、大洋洲等地区承建石油、天然气大型开采项目，不仅提高了东道国资源开发部门的效率，改变了东道国的产业结构，直接提升了这些国家相关产业的出口能力，而且也满足了中国的能源需要。通过"工程换资源"的合作形式，中国获得了大量的原油、有色金属、农产品等原材料，满足了国内工业发展对原材料的需求，缓解了国内由于原材料上涨导致的工业制成品价格上涨的压力，同时资源要素的获得改变了国内的产业结构，增强了机电产品、化工制成品、电子工业品等具有较高技术含量的工业品的国际竞争力，使这些竞争力强的产品的出口比重增加，从而优化了出口商品结构。

对外承包工程会产生逆向技术溢出效应，逆向技术溢出可以使国内的产业结构升级，提高出口产品的技术复杂度（郑展鹏，2017），这对优化国内产品出口结构有间接的促进作用。

另外，对工厂车间、架设新生产线等工程的承包将给东道国相关产业的发展带来机遇，特别是服装、鞋等产品生产线的工程建设可改变东道国的产业结构，减少东道国从中国进口这些低端产品，这有利于淘汰中国低端技术产品，优化中国的产业结构，降低低端产品出口的比例，从而优化出口商品结构。

7.3 出口商品结构的变动

7.3.1 贸易商品分类

贸易商品种类繁多，根据不同的需要，贸易商品有多种分类。联合国统计司对贸易商品进行分类主要基于三个体系：一是国际贸易标准（Standard International Trade Classification，SITC），SITC于1950年由联合国统计司主持制订、联合国经济及社会理事会正式通过，用于统一各国对外贸易商品的分类。SITC把贸易商品分为初级产品和工业制成品两类，进一步分为10大类（见表7-1）。二是商品名称及编码协调制度（Harmonized Commodity Description and Coding System，HS），它是在原海关合作理事会制定的《海关合作理事会商品分类目录》（CCCN）和联合国国际贸易标准分类（SITC）的基础上编制的关于国际贸易商品分类的标准目录，主要用于制定海关税则和采取相应的管理措施。三是由联合国统计司制订的广义经济类别商品分类（Classification by Broad Economic Categories，BEC），其是按照国际贸易商品的最终用途或经济类别（资本品、中间产品和消费品）对国际贸易 SITC 数据的基本项目编号进行综合汇总。

表 7-1　SITC 国际贸易商品分类

	初级产品		工业制成品
SITC0	食品及主要供食用的活动物	SITC5	化学品及有关产品
SITC1	饮料及烟类	SITC6	轻纺产品、橡胶制品、矿冶产品及其制品
SITC2	非食用原料	SITC7	机械及运输设备
SITC3	矿物燃料、润滑油及有关原料	SITC8	杂项制品
SITC4	动、植物油脂及蜡	SITC9	未分类的其他商品

　　根据研究的需要，学者可以根据要素投入的密集度和产品的技术含量对商品进行分类。例如，Yilmaz（2002）根据生产产品要素投入的密集度将商品分为资源密集型产品、劳动密集型产品、资本密集型产品、技术密集型产品。为了研究一个国家的技术水平，Lall（2000）根据产品的技术含量把产品分为初级制成品、资源型制成品、低技术制成品、中技术制成品以及高技术制成品。根据产品技术含量对商品进行分类的方法可以比较细致地描述一个国家贸易产品科技含量的动态变化，很多学者在研究一个国家的技术进步、产业结构的变化时都对商品采用了这种分类方法，特别是在研究发展中国家的经济贸易问题时对贸易商品普遍使用这种分类方法。

7.3.2　按国际贸易标准分类的中国出口商品的结构变动趋势

　　表 7-2 是 2000~2015 年按国际贸易标准分类的出口商品所占比例的变动情况。从表中可以看到，所有初级产品的出口比例都在波动下降，其中 SITC0 食品及主要供食用的活动物由 2000 年的 4.93% 下降到 2015 年的 2.56%，出口占比减少了将近一半。SITC1、SITC2、SITC3 分别从占比 0.30%、1.79%、3.15% 下降到占比 0.14%、0.61%、1.23%。与此同时，大部分的工业制成品的出口占比均有不同程度的提高，其中 SITC7 机械及运输设备产品的出口比例上涨最大，从 2000 年的 33.15% 不断上升到 2010 年

的 49.45%，之后又出现了小幅下降，2015 年维持在 46.59%，比 2000 年高 13.44 个百分点。SITC5、SITC6、SITC9 未分类的其他商品在 2000~2015 年的出口比例变动较小，基本持平。SITC8 杂项制品的出口比例呈现与其他工业制成品不同的变动趋势，下降幅度较大，从 2000 年的 34.62% 下降到 2015 年的 25.84%。

表 7-2 按国际贸易标准分类的出口商品所占比例变动趋势　　单位：%

年份	SITC0	SITC1	SITC2	SITC3	SITC4	SITC5	SITC6	SITC7	SITC8	SITC9
2000	4.93	0.30	1.79	3.15	0.05	4.85	17.07	33.15	34.62	0.09
2001	4.80	0.33	1.57	3.16	0.04	5.02	16.46	35.66	32.74	0.22
2002	4.49	0.30	1.35	2.59	0.03	4.71	16.26	39.00	31.07	0.20
2003	4.00	0.23	1.15	2.54	0.03	4.47	15.75	42.85	28.76	0.22
2004	3.18	0.21	0.99	2.44	0.02	4.44	16.96	45.21	26.36	0.19
2005	2.95	0.16	0.98	2.31	0.04	4.69	16.95	46.23	25.48	0.21
2006	2.66	0.12	0.81	1.83	0.04	4.60	18.04	47.10	24.56	0.24
2007	2.56	0.11	0.75	1.79	0.02	4.94	18.02	47.30	24.33	0.18
2008	2.29	0.11	0.79	2.22	0.04	5.55	18.34	47.06	23.48	0.12
2009	2.72	0.14	0.68	1.70	0.03	5.16	15.38	49.12	24.94	0.13
2010	2.61	0.12	0.74	1.69	0.02	5.55	15.79	49.45	23.94	0.09
2011	2.66	0.12	0.79	1.70	0.02	6.05	16.83	47.50	24.20	0.12
2012	2.54	0.13	0.70	1.51	0.03	5.54	16.26	47.07	26.15	0.07
2013	2.52	0.12	0.66	1.53	0.03	5.42	16.32	47.01	26.31	0.08
2014	2.52	0.12	0.68	1.47	0.03	5.74	17.09	45.70	26.56	0.09
2015	2.56	0.14	0.61	1.23	0.03	5.70	17.20	46.59	25.84	0.10

资料来源：《中国统计年鉴》（2001~2016）。

7.3.3 按要素投入密集度分类的出口商品的结构变动趋势

根据要素投入密集度对出口商品进行分类可以从要素贡献的角度分析出口商品结构，基于 Yilmaz（2002）的分类方法，笔者把出口商品分为资源密集型、劳动密集型、资本密集型和技术密集型共四类，如表7-3所示。从表中可以看到，资源密集型商品2000年出口额为247.15亿美元，占比为9.93%，到2015年出口额为1006.18亿美元，占比为4.43%，出口占比下降了一半；劳动密集型商品2000年出口额为1288.24亿美元，占比为51.74%，到2015年出口额为9784.62亿美元，占比为43.08%；技术密集型商品出口额从2000年的826亿美元增加到2015年的10591.18亿美元，从占比33.18%上升到占比46.63%；资本密集型商品的出口占比仅略有上升。可见，2000~2015年商品出口从以资源密集型、劳动密集型商品为主升级为以资本密集型、技术密集型商品为主。劳动密集型商品出口比例下降缓慢，2015年的占比还在40%以上，这主要是因为中国的人力成本较低，众多从事出口加工的企业都只能进入门槛较低的劳动加工产品行业。尽管如此，总体来看中国的出口商品结构仍在不断优化升级，从以低级产品为主向以高端产品为主演进。

表7-3　2000~2015年按要素投入密集度分类的出口商品的总额及占比

单位：亿美元，%

年份	资源密集型		劳动密集型		资本密集型		技术密集型	
	出口额	占比	出口额	占比	出口额	占比	出口额	占比
2000	247.15	9.93	1288.24	51.74	128.43	5.16	826.00	33.18
2001	254.65	9.59	1309.23	49.31	142.25	5.36	949.01	35.74
2002	275.56	8.48	1541.08	47.43	163.09	5.02	1269.76	39.08
2003	337.92	7.73	1951.06	44.62	206.00	4.71	1877.73	42.94
2004	393.35	6.64	2570.44	43.40	275.74	4.66	2682.60	45.30
2005	478.54	6.29	3233.04	42.52	369.55	4.86	3522.34	46.33
2006	517.26	5.35	4128.30	42.71	457.23	4.73	4563.43	47.21
2007	601.13	4.95	5167.22	42.51	617.20	5.08	5770.45	47.47
2008	764.28	5.35	5983.51	41.87	808.76	5.66	6733.29	47.12
2009	614.71	5.12	4845.63	40.38	636.58	5.30	5902.74	49.19

年份	资源密集型		劳动密集型		资本密集型		技术密集型	
	出口额	占比	出口额	占比	出口额	占比	出口额	占比
2010	797.80	5.06	6267.60	39.76	894.78	5.68	7802.69	49.50
2011	982.70	5.18	7789.30	41.08	1170.64	6.17	9017.74	47.56
2012	979.68	4.79	8688.13	42.44	1161.56	5.67	9643.61	47.10
2013	1046.59	4.74	9418.55	42.67	1222.26	5.54	10385.34	47.05
2014	1098.09	4.69	10222.86	43.69	1374.26	5.87	10705.04	45.75
2015	1006.18	4.43	9784.62	43.08	1328.89	5.85	10591.18	46.63

注：资源密集型商品指 SITC0、SITC2、SITC3、SITC4，劳动密集型商品指 SITC6 和 SITC8，资本密集型商品指 SITC1 和 SITC5，技术密集型商品指 SITC7。

资料来源：《中国统计年鉴》（2001~2016）。

7.3.4 按技术含量分类的中国出口商品结构变动情况

根据 Lall（2000）提出的按产品技术含量的商品分类方法，基于 SITC（REV3）把贸易商品分成初级产品（PM）、资源性产品（RB）、低技术产品（LT）、中等技术产品（MT）、高技术产品（HT）、其他（Other）和工程类产品（GC），具体见附表 2。从图 7-1 可以看到，2001~2015 年中国出口商品占比排在前列的为高技术产品、低技术产品和中等技术产品。高科技含量制成品和低科技含量制成品的出口占比出现了截然不同的走势，低技术产品的出口占比在 2001~2005 年下降明显，2005~2015 年趋于平稳，出口比例从原来的第一变为第二。高技术产品出口比例的变动趋势正好相反，2001~2015 年出口占比上升较快，之后在平稳中略有上涨，出口占比最大。中等技术产品的出口占比略有上涨。资源性产品和其他产品 2001~2015 年出口占比的变动幅度较小，几乎维持不变。初级产品的出口占比则明显下降，从 2001 年的 7.2% 下降到 2015 年的 3%。可见，中国出口商品的技术含量不断提高，不仅增加了技术含量高的产品的出口，而且减少了初级产品等技术含量低的产品的出口，即出口商品结构不断升级演进。

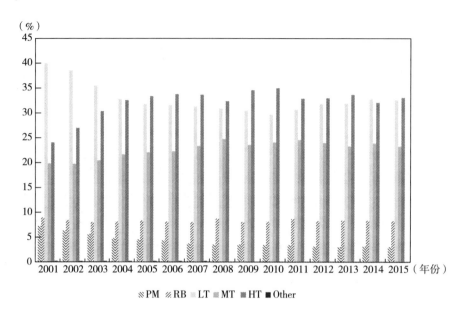

图 7-1　2001~2015 年按技术含量分类的中国出口商品结构变动情况

资料来源：UN Comtrade 数据库，基于 SITC REV3 计算得到。

7.4　时间序列实证分析

前文分析了对外承包工程对出口商品结构的直接影响，以及通过对产业结构的优化升级进而间接改变出口商品结构的作用。本节通过时间序列数据模型从宏观视角检验对外承包工程与中国出口商品结构优化的因果关系。

产业结构表示一个国家各种产业占国内生产总值的比例，可以把国民经济分为第一、第二、第三产业，其中第一产业包括林业、种植业、畜牧业、水产养殖等；第二产业为工业，包括采矿业、制造业、电力、燃气及水的生产和供应业、建筑业；第三产业包括商业、金融、保险、运输、通信业等。通常来说，从宏观角度粗略来看，产业结构的优化升级表现为第二、第三产业产值比重的增加。学术研究中通常把工业制成品出口比例的提升定义为出口产品结构的优化过程，当然这是一种比较粗略的方法。更加严谨的定义是把出口产品按要素投入密集度和产品技术含量细分，资本密集型、技术密集型产品出口比例的增加意味着出口产品结构的改善。同样，高技术含量产品出口比重的增加也意味着出口产品结构的优化。本节利用中国产业结构、出口商品结构以及对外承包工程数据做时间序列 VAR 回归，以检验对外承包工程与出口商品结构优化的因果关系。

7.4.1 实证方程

向量自回归模型（Vector Auto Regression，VAR）类似于联立方程或者结构方程，但其独特之处在于方程中通常仅包含滞后变量或者内生变量，这使得在联立方程中难以进行估计和分析，因此，西姆斯认为不应该事先区分内生变量和外生变量，于是他推出了 VAR 模型。把对外承包工程变量记为 FCP，把产业结构和出口商品结构分别记为 INST 和 EXS，假定每个方程都含有每个变量的 k 个滞后值，回归方程可表示为：

$$EXS_t = \alpha_1 + \sum_{j=1}^{k} \beta_{1j} FCP_{t-j} + \sum_{j=1}^{k} \gamma_{1j} EXS_{t-j} + \sum_{j=1}^{k} \delta_{1j} INST_{t-j} + \varepsilon_{1t} \qquad (7-1)$$

$$FCP_t = \alpha_2 + \sum_{j=1}^{k} \beta_{2j} FCP_{t-j} + \sum_{j=1}^{k} \gamma_{2j} EXS_{t-j} + \sum_{j=1}^{k} \delta_{2j} INST_{t-j} + \varepsilon_{2t} \qquad (7-2)$$

$$INST_t = \alpha_3 + \sum_{j=1}^{k} \beta_{3j} FCP_{t-j} + \sum_{j=1}^{k} \gamma_{3j} EXS_{t-j} + \sum_{j=1}^{k} \delta_{3j} INST_{t-j} + \varepsilon_{3t} \qquad (7-3)$$

其中，ε 是随机误差项，在 VAR 中又被称为脉冲值或冲击值。

7.4.2 数据说明

表 7-4 为 2000~2015 年中国对外承包工程、出口商品结构和产业结构数据。FCP 是对外承包工程完成营业额；EX1 是技术密集型商品的出口比重；EX2 是高技术产品的出口占比；FWY 是服务业生产总值占国内生产总值的比重；GY1 是工业生产总值占国内生产总值的比重。

表7-4 2000~2015年中国对外承包工程、出口商品结构和产业结构数据

年份	FCP（亿美元）	EX1（%）	EX2（%）	FWY（%）	GY1（%）
2000	83.79	33.15	23.80	36.20	45.54
2001	88.99	35.66	24.00	49.00	44.79
2002	111.94	39.00	26.90	46.50	44.45
2003	138.37	42.85	30.30	39.00	45.62
2004	174.68	45.21	32.50	40.80	45.90
2005	217.63	46.23	33.30	44.30	47.02
2006	299.93	47.10	33.70	45.90	47.56
2007	406.43	47.30	33.60	47.30	46.86
2008	566.12	47.06	32.30	46.20	46.93
2009	777.06	49.12	34.50	43.70	45.88
2010	921.70	49.45	34.90	39.00	46.40
2011	1034.24	47.50	32.80	43.80	46.40
2012	1165.97	47.07	32.90	44.90	45.27
2013	1371.43	47.01	33.60	47.20	44.01
2014	1424.11	45.70	32.00	47.50	43.10
2015	1540.70	46.59	33.00	53.70	40.93

资料来源：《中国统计年鉴》（2001~2016）。

7.4.3 回归分析

7.4.3.1 变量相关性

利用 Stata12 对变量进行 Pearson 相关性分析，回归结果如表7-5所示。结果显示：对外承包工程（FCP）与技术密集型商品的出口比重（EX1）和高技术产品的出口占比（EX2）均正相关，而且在1%的显著性水平上显著，即对外承包工程与出口产品结构正相关。对外承包工程（FCP）与服务业生产总值占国内生产总值的比重（FWY）正相关并在5%的显著性水平上显著，对外承包工程（FCP）与工业生产总值占国内生产总值的比重（GY1）负相关，可是没有通过显著性水平检验。服务业生产总值占国内生产总值的比重（FWY）与EX1和EX2的相关系数分别为0.2456和0.1782，即产业结构的升级能够促进出口商品结构的优化升级，而工业生产总值占国内生产总值的比重（GY1）与 EX1 和 EX2 负相关，可是没有通过显著性检验。可见，工业生产总值占国内生产总值的比重不能很好地刻画中国的产业结构，中国现在处于后工业化时期，产业结构的优化更多地表现为第三产业所占的比重不断升高（陈宏等，2014），因此，在做 VAR 回归分析时，本章用服务业生产总值占国内生产总值的比重（FWY）表示产业结构。

表 7-5 变量相关系数表

变量	ln（FCP）	EX1	EX2	FWY	GY1
ln（FCP）	1				
EX1	0.7669 （0.0005）	1			
EX2	0.7354 （0.0012）	0.988 （0）	1		
FWY	0.3976 （0.0272）	0.2456 （0.03591）	0.1782 （0.05091）	1	
GY1	−0.3682 （0.1605）	−0.1946 （0.4703）	−0.1383 （0.6096）	−0.9680 （0）	1

注：括号内为显著性水平。

7.4.3.2 单位根检验

对时间序列数据进行协整分析之前，对各变量做平稳性检验。本章用最常用的 ADF（Augmented Diekey Fuller Test）单位根检验方法检验数据的平稳性，检验结果如表 7-6 所示。由表中结果可知，所有的变量在 5% 的显著性水平上都不显著，即非平稳数据，但是这些变量的一阶差分系列除了 FWY 在 5% 的显著性水平上是平稳的，LFCP、EX1 的一阶差分均在 1% 的显著性水平上是平稳的，这是做协整分析的前提。

表 7-6 ADF 单位根检验结果

变量	ADF 检验统计量	5%临界值	P 值	是否平稳
LFCP	−1.594	−3.000	0.487	否

变量	ADF 检验统计量	5%临界值	P 值	是否平稳
D（LFCP）	-3.659	-3.000	0.0047	是
EX1	-0.106	-3.000	0.966	否
D（EX1）	-4.444	-3.000	0.0002	是
FWY	-0.576	-3.000	0.876	否
D（FWY）	-3.474	-3.000	0.009	是

7.4.3.3 回归结果

表 7-7 中模型 1、模型 2、模型 3 分别是 lnFCP、EX1、FWY 的回归结果。模型 1 中的 lnFCP 一阶滞后项、二阶滞后项以及 EX1 的一阶滞后项、二阶滞后项的回归系数均为正，而且在 1%或者 10%的显著性水平上显著，从直观上看，出口商品结构优化对对外承包工程有正向影响。模型 2 中的 lnFCP 一阶滞后项的回归系数为 0.12，而且在 10%显著性水平上显著，FWY 的二阶滞后项也在 10%的显著性水平上显著，表明对外承包工程和产业结构优化都可以促进出口商品结构的优化。模型 3 中 lnFCP 的一阶滞后项、二阶滞后项及 FWY 的一阶滞后项的回归系数均为正，并在 1%的显著性水平上显著，表明对外承包工程可以促进国内产业结构的优化升级。通过检验发现：对外承包工程与出口商品结构的优化正相关；对外承包工程与产业结构升级也有正向相关关系；产业结构升级与出口商品结构优化正相关。为了检验 VAR 模型的联合显著性，还需对方程的各阶系数进行 Wald 检验。

表 7-7　VAR 回归结果

变量		模型 1（lnFCP）		模型 2（EX1）		模型 3（FWY）	
		系数	Z 值	系数	Z 值	系数	Z 值
lnFCP	L1.	1.21	4.35***	0.12	1.94**	1.17	3.68***
	L2.	0.35	1.41**	0.09	1.20	1.06	3.66***
EX1	L1.	1.42	1.4**	0.15	0.38	0.70	0.61
	L2.	1.77	2.7***	0.32	1.21	0.70	0.94

变量		模型 1 (lnFCP)		模型 2 (EX1)		模型 3 (FWY)	
		系数	Z 值	系数	Z 值	系数	Z 值
FWY	L1.	0.18	0.69	−0.09	−0.87	0.87	2.92***
	L2.	0.13	0.89	0.11	1.87**	0.15	0.93
常数项		−1.47	−0.56	1.98	1.89**	−4.53	−1.51
R^2		0.98		0.95		0.79	

注：***、**表示在1%和10%的水平上显著。

表7-8 为各阶系数联合显著性的 Wald 检验结果，从检验结果可以看出，不管是单一方程还是三个方程作为一个整体的系数联合检验都是显著的。其中，除了 EX1 以及 lnFCP 的二阶滞后项在 10%的显著性水平上显著，其他的回归结果均在 1%的显著性水平上显著。

表7-8　各阶系数联合显著性的 Wald 检验结果

Equation：lnFCP				Equation：EX1			
lag	chi2	df	Prob>chi2	lag	chi2	df	Prob>chi2
1	46.79	3	0	1	6.38	3	0.094
2	7.43	3	0.059	2	8.81	3	0.032
Equation：FWY				Equation：All			
lag	chi2	df	Prob>chi2	lag	chi2	df	Prob>chi2
1	31.28	3	0	1	89.36	9	0
2	29.21	3	0	2	41.32	9	0

7.4.3.4　结果平稳性检验

虽然 VAR 的估计结果显示所有模型是联合显著的，但是还不能确定模型的平稳性，如果模型是非平稳的，就可能出现所谓的伪回归过程，回归结果难以让人信服。VAR 系统稳定性检验是通过检验伴随矩阵的根是否在单位圆之内判断 VAR 系统的稳定性，检验结果如图 7-2 所示，显示伴随矩阵根最大的模为 0.907，即所有伴随矩阵的根均在单位圆之内，因此，可以判定此 VAR 系统是稳定的。

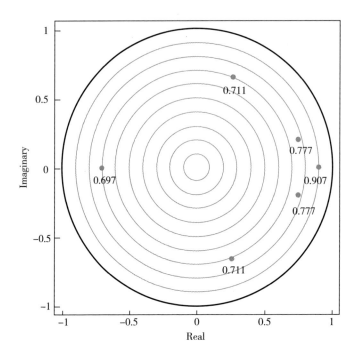

图 7-2　VAR 系统稳定性判别图

7.4.3.5　格兰杰因果检验

为了进一步明确对外承包工程、出口商品结构和产业结构的因果关系，笔者利用美国加州大学著名计量经济学家 Granger 提出的格兰杰因果关系检验方法进行检验，检验结果如表 7-9 所示。结果显示：被解释变量为 lnFCP 的回归中，变量 EX1 的 P 值为 0.000，而变量 FWY 的 P 值为 0.119，即出口商品结构优化是对外承包工程的格兰杰因。被解释变量为 EX1 的回归中，变量 lnFCP 的 P 值为 0.050，而变量 FWY 的 P 值为 0.023，因此对外承包工程是出口商品结构优化的格兰杰因，同时产业结构升级也是出口商品结构优化的格兰杰因。被解释变量为 FWY 的回归中，变量 lnFCP 的 P 值小于 0.01，即对外承包工程是产业结构升级的格兰杰因。综合检验结果，对外承包工程和出口商品结构优化互为格兰杰因果关系，同时对外承包工程也是产业结构优化的格兰杰因，而产业结构优化又是出口商品结构优化的格兰杰因。

表7-9　格兰杰因果检验结果

Equation	Excluded	chi2	df	Prob>chi2
lnFCP	EX1	16.39	2	0.000
lnFCP	FWY	4.28	2	0.119
lnFCP	ALL	22.24	4	0.000
EX1	lnFCP	5.80	2	0.050
EX1	FWY	4.22	2	0.023
EX1	ALL	10.53	4	0.032
FWY	lnFCP	13.55	2	0.001
FWY	EX1	16.93	2	0.121
FWY	ALL	35.59	4	0.000

综合以上的检验结果，我们可以确定对外承包工程对出口商品结构的优化作用，即对外承包工程一方面可以直接促进出口商品结构的优化，另一方面通过影响国内的产业结构升级，进而优化出口商品结构。具体而言，对外承包工程公司承建海外工程通过引致需求效应扩大高端装备、工程机械、新型材料等高新技术行业产品的出口规模，达到直接优化出口商品结构的效果。

对外承包工程对产业结构的优化升级间接影响出口商品结构，主要通过三种方式：其一，对外承包工程使中国从国外获得大量工业原材料，缓解了国内由于原材料上涨导致的工业制成品价格上涨的压力，资源要素的获得改变了国内的产业结构，增强了机电产品、化工制成品、电子工业品等具有较高技术含量的工业品的国际竞争力，使这些竞争力强的产品的出口比重增加。其二，对外承包工程产生逆向技术溢出效应，逆向技术溢出可以使国内的产业结构升级。通过在国外承包工程，国内的企业可以接触到先进的技术，这给国内企业提高生产率、进行产业转型升级提供了很好的机会（Jeon et al., 2013），最终得以提升出口产品的技术复杂度，优化出口商品结构。其三，对外承包工程促进了东道国一些低端产业的发展，减少了东道国从中国对这些低端行业产品的进口，这有利于淘汰中国低端技术产品的产能，优化国内的产业结构，导致低端产品出口比例的下降，从而优化出口商品结构。

7.5 面板模型实证回归

前面通过时间序列分析，初步确定对外承包工程对出口商品结构有积极的影响，为了进一步检验对外承包工程对出口商品结构的影响，本节利用中国对外承包工程 2000~2015 年的国别数据、出口目的国的出口商品结构数据以及其他宏观经济数据，构建面板数据模型，分析对外工程承包与出口商品结构的关系。

7.5.1 变量描述与说明

面板模型的构建首先确定出口商品结构的变量指标，用作被解释变量，对外承包工程为模型的解释变量，同时根据数据的可获得性，并参照相关的研究理论加入了其他变量。

（1）被解释变量，出口商品结构（EXSTR）。本章研究的是出口商品结构，出口商品结构的优化升级主要表现为附加值的增加、产品技术含量的提高等。出口商品的技术含量体现了一个国家出口商品的竞争力，即技术密集型商品占出口商品的比例越高说明出口商品结构越优。因此，将基于 SITC Rev3 按照产品技术含量划分贸易商品得到的初级产品（EXPM）、低技术产品（EXLT）、中等技术产品（EXMT）和高技术产品（EXHT）的出口额作为出口商品结构的代理变量。工程类相关产品（GC）包含了与工程紧密相关的商品类别，如铁路建筑材料、工程机械、电力配电设备、土木工程设备及其零部件、发电厂设备及办公机器等，共涵盖了 42 个 SITC 三位数行业。出口目的国的原始数据从 Un Comtrade 统计数据库获得，然后按照 Sanjaya（2000）提出的按产品技术含量分类的方法，将这些数据按照国际贸易标准分类（SITC）三位数行业进行分类和汇总。

（2）解释变量，对外承包工程（FCP）。对外承包工程是本章的核心变量，表示当年中国在东道国承包的工程，用中国对外承包工程完成营业额表示，数据从历年《中国统计年鉴》获得。

（3）其他变量。①两国地理距离。地理距离我们用两个变量表示：一是两国主要城市之间的距离（DIS），按照贸易双方经纬度计算主要城市之间的球面距离。二是贸易双方是否有共同国界（BORDER），它是一个虚拟变量，如果对外承包工程的东道国与中国接壤有共同边界取值为1，否则取值为0。两国距离和边界变量数据均来源于CEPII数据库。②两国是否有共同语言（LANG）。③东道国的资源禀赋。资源禀赋对一个国家的贸易有一定的影响，一方面资源丰富的国家可以满足自身经济的发展而减少对进口的依赖，另一方面资源丰富特别是自然资源丰富的国家具有一定的产业优势，增加出口的可能，因此自然资源丰富的国家对技术密集型商品的进口需求量可能较大，反之自然资源缺少的国家对高技术密集型商品的进口就相对较少。资源既包括石油、矿产等自然资源，又包括劳动力等人力资源，但是这些指标难以获得完整的数据，特别是石油等自然资源的数据缺失比较多，因此，本章参考Munemo（2011）的做法，选择可耕地面积占国土面积的比例（LAND）作为资源禀赋指标。④东道国的产业结构（ISTR），用服务等附加值占GDP的比重表示，数据来源于世界银行WDI数据库。一个国家的产业发展演变过程往往是从农业到工业再到服务业，服务业占比越高说明该国的产业发展越趋于高度化。根据产业结构理论，产业结构高度化的国家在技术密集型产业方面有比较优势，因此，其对技术密集型商品的进口减少，反之其对技术密集型商品的进口就会增加。另外，产业结构高度化发展的国家的经济发展水平也是比较高的，国内的产品需求趋向于多样化，由此可能与其他国家进行更多的产业内贸易，进口更多的技术密集型产品。在这里，我们无法预测东道国产业结构的实证回归结果，需要在实证回归中检验。⑤东道国的经济总量（GDP）。经济总量越大意味着这个国家的经济实力较强，总体支付能力就强，其对中国出口商品结构的影响未知。各个国家的GDP数据来源于世界银行的WDI数据库。⑥东道国的国民收入水平（GNI）。东道国的国民收入水平越高表明居民的购买力越强，因此东道国就有可能从国外进口较多的产品用于消费，经济越发达的国家对进口产品的要求就越高，因而更多地从国外进口高端、技术含量高的产品，中国对这些国家的出口结构就得以改善。

7.5.2 实证模型的构建

基于前文的理论分析和对所选变量的说明，借鉴贸易引力模型，并参照刘新宇（2016）的研究方法，笔者构建了以下的实证模型：

$$\ln(\text{EXSTR}_{ict}) = C + \beta \ln \text{FCP}_{it} + \sum \gamma_j \text{Control}_{it} + \varepsilon_{it} \tag{7-4}$$

其中，EXSTR_{ict} 表示第 t 年中国出口到 i 国的 c 类商品的量，FCP_{it} 表示第 t 年中国在 i 国的对外承包工程的完成营业额，这两个变量都取对数。Control_{it} 为其他控制变量，把表示出口商品结构的几个变量代入式（7-4）得到本章的实证方程：

$$\ln(\text{EXPM}_{i,t}) = \alpha_i + \beta\ln(\text{FCP}_{i,t}) + \gamma_1\ln(\text{LAND}_{i,t}) + \gamma_2\ln(\text{ISTR}_{i,t}) + \gamma_3\ln(\text{GDP}_{i,t}) + \gamma_4\ln(\text{GNI}_{i,t}) + \gamma_5\text{BORDER}_{ic} + \gamma_6\text{LANG}_{ic} + \varepsilon_{i,t} \tag{7-5}$$

$$\ln(\text{EXLT}_{i,t}) = \alpha_i + \beta\ln(\text{FCP}_{i,t}) + \gamma_1\ln(\text{LAND}_{i,t}) + \gamma_2\ln(\text{ISTR}_{i,t}) + \gamma_3\ln(\text{GDP}_{i,t}) + \gamma_4\ln(\text{GNI}_{i,t}) + \gamma_5\text{BORDER}_{ic} + \gamma_6\text{LANG}_{ic} + \varepsilon_{i,t} \tag{7-6}$$

$$\ln(\text{EXMT}_{i,t}) = \alpha_i + \beta\ln(\text{FCP}_{i,t}) + \gamma_1\ln(\text{LAND}_{i,t}) + \gamma_2\ln(\text{ISTR}_{i,t}) + \gamma_3\ln(\text{GDP}_{i,t}) + \gamma_4\ln(\text{GNI}_{i,t}) + \gamma_5\text{BORDER}_{ic} + \gamma_6\text{LANG}_{ic} + \varepsilon_{i,t} \tag{7-7}$$

$$\ln(\text{EXHT}_{i,t}) = \alpha_i + \beta\ln(\text{FCP}_{i,t}) + \gamma_1\ln(\text{LAND}_{i,t}) + \gamma_2\ln(\text{ISTR}_{i,t}) + \gamma_3\ln(\text{GDP}_{i,t}) + \gamma_4\ln(\text{GNI}_{i,t}) + \gamma_5\text{BORDER}_{ic} + \gamma_6\text{LANG}_{ic} + \varepsilon_{i,t} \tag{7-8}$$

$$\ln(\text{GC}_{i,t}) = \alpha_i + \beta\ln(\text{FCP}_{i,t}) + \gamma_1\ln(\text{LAND}_{i,t}) + \gamma_2\ln(\text{ISTR}_{i,t}) + \gamma_3\ln(\text{GDP}_{i,t}) + \gamma_4\ln(\text{GNI}_{i,t}) + \gamma_5\text{BORDER}_{ic} + \gamma_6\text{LANG}_{ic} + \varepsilon_{i,t} \tag{7-9}$$

其中，式（7-5）至式（7-9）分别为初级产品、低技术产品、中等技术产品、高技术产品和工程类相关产品的实证方程。

7.5.3 数据处理与描述性统计

（1）原始数据的获取。首先，从 UN Comtrade 数据库获取中国出口到世界各国的按 SITC Rev3 细分的产品的详细数据，总共获取了 2000~2015 年中国产品出口到 200 多个国家和地区的数据；其次，从《中国统计年鉴》中获取 2000~2015 年中国在 180 多个国家和地区承包工程的数据，本章利用对外承包工程完成营业额表示对外承包工程；再次，在世界银行 WDI 数据库获取东道国可耕地面积占国土面积的比例（LAND）、产业结构（ISTR）、经济总量（GDP）、国民收入水平（GNI）2000~2015 年的数据；最后，从法国 CPII 数据库获取 200 多个东道国与中国是否有共同语言（COMLANG）、东道国与中国主要城市之间的距离（DIS）以及东道国与中国是否有共同国界（BORDER）的数据。这样就获取了实证所需的全部原始数据。

（2）数据处理。①出口商品结构（EXSTR）数据的处理，本章仅把初级产品（PM）、低技术产品（LT）、中等技术产品（MT）和高技术产品（HT）用于实证回归，把中国出口的产品按国家加总就可以得到初级产品（EXPM）、低技术产品（EXLT）、中等技术产品（EXMT）和高技术产品（EXHT）的出口额，对缺失数据的国家进行剔除，剩下 143 个国家的贸易数据，数据年份区间为 2000~2015 年，每个变量有 2145 个样本数据。②对外承包工程数据的处理，根据已获取数据把规模太小的岛屿国家以及数据缺失的国家剔除，剩下 146 个国家样本，由于出口商品结构数据缺失，最后仅保留 143 个国家样本。③其他数据的处理，根据获取的原始数据，剔除一些样本，对个别残缺数据用插入法、均值法等进行填充，对极少数异常数据进行必要的修正，经过处理，最终得到了 143 个国家 11 个变量 2001~2015 年的平衡面板数据，样本数据为 23595 个。

（3）数据描述性统计，通过获取原始数据并按照以上的方法对数据进行处理，最终得到本章实证所需的数据，数据的描述性统计结果如表 7-10 所示。

表 7-10　对外承包工程与出口商品结构的变量描述性统计结果

变量	均值	方差	最小值	中位数	最大值
初级产品出口（百万美元）	489.3	1477	0	48.63	13910
低技术产品出口（百万美元）	3897	14665	0.03	393.5	248200

续表

变量	均值	方差	最小值	中位数	最大值
中技术产品出口（百万美元）	2126	6943	0.02	269.90	105200
高技术产品出口（百万美元）	2876	13817	0	108.70	227200
工程类产品出口（百万美元）	3582	14574	0	291.80	186600
对外承包工程（百万美元）	459.46	972.12	0.02	80.80	8240.61
是否有共同边界	0.09	0.29	0	0	1
是否有共同语言	0.02	0.14	0	0	1
两国主要城市之间的距离（千米）	9007	3927	955.6	8402	19297
东道国的产业结构（服务等附加值占 GDP 比例）（%）	55.59	14.70	14.56	56.16	93.12
可耕地面积占国土面积的比例（%）	14.21	13.65	0.04	10.30	63.79
经济总量（亿美元）	3899	13923	3.33	355.10	165974
国民收入水平（美元）	12558	17521	194.20	4350	91594

7.5.4 回归结果分析

本部分对不同类型的出口商品进行实证回归，基于实证结果对比分析对外承包工程是否能改善中国出口商品结构，即检验对外承包工程在中国出口结构转型升级中是否扮演积极角色。表 7-11 中模型（1）~模型（5）的被解释变量分别是初级产品（EXPM）、低技术产品（EXLT）、中等技术产品（EXMT）、高技术产品（EXHT）和工程类产品（GC），笔者先用随机效应模型回归。

表 7-11　对外承包工程对出口商品结构的影响（混合模型）

变量	模型（1） ln（EXPM）	模型（2） ln（EXLT）	模型（3） ln（EXMT）	模型（4） ln（EXHT）	模型（5） ln（GC）
ln（FCP）	0.330*** (34.64)	0.320*** (36.34)	0.479*** (39.58)	0.345*** (35.08)	0.468*** (37.79)
ln（ISTR）	0.224 (1.21)	0.975*** (5.72)	0.539*** (3.02)	0.499*** (2.77)	0.451** (2.52)

续表

变量	模型（1）	模型（2）	模型（3）	模型（4）	模型（5）
	ln（EXPM）	ln（EXLT）	ln（EXMT）	ln（EXHT）	ln（GC）
ln（GDP）	1.187***	1.210***	0.961***	1.141***	0.958***
	(17.58)	(20.27)	(18.80)	(23.62)	(19.69)
ln（GNI）	0.415***	0.245***	0.314***	0.0340	0.255***
	(4.38)	(2.92)	(4.28)	(0.49)	(3.63)
ln（LAND）	0.0363	−0.0277	0.0138	−0.00848	0.0279
	(0.49)	(−0.41)	(0.23)	(−0.14)	(0.47)
ln（DIS）	0.259	0.383	0.211	−0.123	0.0776
	(0.98)	(1.64)	(1.09)	(−0.68)	(0.42)
BORDER	1.115**	1.325***	0.835**	0.289	0.609*
	(2.26)	(3.06)	(2.32)	(0.86)	(1.79)
LANG	0.456	−0.195	0.307	1.807***	1.002*
	(0.55)	(−0.27)	(0.50)	(3.16)	(1.74)
常数项	−21.33***	−22.19***	−14.43***	−13.60***	−12.06***
	(−7.33)	(−8.65)	(−6.62)	(−6.62)	(−5.82)
N	2145	2145	2145	2145	2145
调整 R^2	0.6999	0.7455	0.7766	0.8115	0.7880

注：*、**、***分别表示在10%、5%、1%的显著性水平上显著，括号内为 t 统计量。

通过 Hausman 检验，检验统计量为 98.62，拒绝了随机效应模型的假设，于是使用固定效应模型，然后通过似然比检验，似然比值为 26.198，从概率上无法拒绝固定效应模型更有效的原假设，因此，笔者建立了混合面板模型。表 7-11 中对外承包工程的回归系数均为正数，表明对外承包工程不管是对初级产品、低技术产品、中等技术产品、高等技术产品还是工程类产品的出口都有明显的促进作用，并且均在 1% 的显著性水平上通过了显著性检验。仔细分析系数的大小我们发现，模型（1）的回归系数仅为 0.330，模型（2）的回归系数更小为 0.320，模型（3）的回归系数最大为 0.479，模型（4）的回归系数比模型（1）、模型（2）的系数略大，但是明显小于模型（3）的回归系数。也就是说，对外承包工程对中等技术产品和高技术产品出口的影响明显大于对初级产品、低技术产品出口的影响。为了检验对外承包工程对工程类产品的出口影响，本章根据 SITC 的产品类型，把与工程密切相关的行业（见附表 2）的出口数据加总，回归结果如表 7-11 的模型（5）所示，对外承包工程的回归系数为 0.468，比初级产品、低技术产品以及高技术产品的回归系数都明显大很多，可见对外承包工程可以直接带动工程类产品的出口。工程类产品主要包括工程机械、机电类产品，这些产品也属于中高技术产品，进一步证明对外承包工程对出口产品结构有积极的影响，这个发现对当前中国努力实现出口的转型升级有着重要的意义。

其他变量的回归系数也基本符合预期，产业结构的回归系数均为正，而且除了模型（1）外都通过了 1% 或 5% 的显著性水平检验，说明东道国产业结构的高度化对中国的出口有正向影响。东道国的经济总量、国民收入水平的回归系数均为正，而且也都通过了 1% 的显著性水平检验，表明东道国的经济总量越大，中国各种类型的产品的出口越多，东道国的经济发展水平越高对中国的出口产品的需求就越大。共同边界（BORDER）的回归系数在几个模型中有所差别，模型（1）和模型（2）的系数较大，其他模型的系数较小，表明两国有共同边界更容易促进初级产品、低技术产品的出口，对中高技术产品的影响较小。两国是否有共同语言（LANG）的回归系数只有模型（4）和模型（5）通过了显著性水平检验。最后，表 7-11 中 5 个回归模型调整的 R^2 除了模型（1）为 0.6999，其余均在 0.7 以上，可见模型拟合得较好，模型的总体 F 检验均表明模型回归总体显著性高。

为了对比回归结果，表 7-12 报告了固定效应模型的回归结果。其中，对外承包工程的回归系数也均为正数，虽然与随机模型的结果相差较大，但是中等技术产品、工程类产品的回归系数相比其他产品的回归系数明显偏大，这和随机模型的结果是一致的。可见，对外承包工程确实可以更多地促进技术密集型产品、技术含量高的产品出口，提高了中、高技术产品的出口比重，优化了中国的出口商品结构。

表 7-12 对外承包工程对出口商品结构的影响（固定效应模型）

变量	模型（1）	模型（2）	模型（3）	模型（4）	模型（5）
	ln（EXPM）	ln（EXLT）	ln（EXMT）	ln（EXHT）	ln（GC）
ln（FCP）	0.172*** (18.07)	0.157*** (18.48)	0.296*** (20.44)	0.190*** (18.06)	0.299*** (19.47)
ln（ISTR）	−0.111 (−0.66)	0.781*** (5.22)	0.111 (0.66)	−0.172 (−0.93)	−0.136 (−0.75)
ln（GDP）	5.041*** (29.22)	4.915*** (31.92)	5.018*** (28.76)	4.646*** (24.29)	4.673*** (25.13)
ln（GNI）	2.062*** (9.44)	1.858*** (9.53)	1.816*** (8.22)	1.658*** (6.84)	1.555*** (6.60)
ln（LAND）	−0.129 (−0.07)	0.471 (0.30)	−1.037 (−0.58)	−1.039 (−0.53)	−1.036 (−0.55)
ln（DIS）	0.103 (1.04)	−0.0288 (−0.33)	−0.0130 (−0.13)	−0.635*** (−5.79)	−0.247** (−2.31)
BORDER	—	—	—	—	—
LANG	—	—	—	—	—
常数项	−88.54*** (−5.53)	−93.57*** (−6.54)	−81.07*** (−5.00)	−71.50*** (−4.02)	−73.23*** (−4.24)
N	2145	2145	2145	2145	2145
调整 R^2	0.714	0.755	0.734	0.665	0.693

注：*、**、***分别表示在10%、5%、1%的显著性水平上显著，括号内为 t 统计量。

以上的回归结果显示，2000~2015年对外承包工程对中国的初级产品、低技术产品、中等技术产品、高技术产品以及工程类产品的出口均有显著的正面影响。对比分析各类产品的回归系数发现，中等技术产品、高技术产品以及工程类产品的出口弹性要比初级产品、低技术产品的弹性大，说明对外承包工程确实可以优化出口产品结构，促进中国产品出口结构的转型升级。

7.6 本章小结

本章在探讨出口商品结构理论研究的基础上分析了对外承包工程对中国出口商品结构的影响，指出了对外承包工程对出口商品结构的影响主要有两个方面，即直接影响和间接影响。直接影响是指对外承包工程的引致需求效应导致商品出口结构改变；间接影响是指中国的对外承包工程间接淘汰国内落后产业和通过逆向技术溢出推进国内高新技术产业的发展，促使国内产业结构转型升级进而优化出口商品结构。在此基础上，笔者又分析了2000~2015年中国出口商品结构的变动情况，总体来说，这十几年的产品出口从以资源密集型、劳动密集型产品为主升级为以资本密集型、技术密集型产品为主，从出口依靠原材料、劳动投入的低附加值产品转变为出口依靠资本、技术投入的高附加值产品。从出口产品的技术含量来看，中国出口商品的技术含量在不断提高，不仅增加了技术含量较高产品的出口，而且降低了初级产品等技术含量较低产品的出口比重，即出口商品结构在升级演进。最后，本章分别用时间序列模型和面板数据模型实证检验了对外承包工程对出口商品结构的影响，研究结论如下：

（1）时间序列模型分析显示对外承包工程和出口商品结构存在格兰杰因果关系，说明对外承包工程是出口商品结构优化的格兰杰因。同时由于对外承包工程也是产业结构升级的格兰杰因，产业结构升级是出口商品结构优化的格兰杰因，因此对外承包工程既可以直接促进国内出口商品结构优化升级；也可以促进国内产业结构的转型升级，从而间接影响出口商品结构。具体而言，对外承包工程公司通过引致需求效应增加高端装备、工程机械、新型材料等高新技术行业产品的出口规模，达到直接优化出口商品结构的效果，或通过逆向技术溢出效应、输送资源、淘汰国内低端技术产业等方式促进国内产业结构的转型升级，从而优化出口商品结构。

（2）面板模型回归结果显示，对外承包工程使中等技术产品、高等技术产品以及工程类产品的出口弹性大于初级产品、低技术产品的出口弹性，说明对外承包工程确实可以促进中等技术产品、高等技术产品以及工程类产品的出口，提升这些产品的出口比例，达到优化出口商品结构的效果。

通过研究，本章进一步确定了对外承包工程对优化中国出口商品结构、提高出口商品的技术含量有重要作用。当前中国外贸出口增长速度下滑，外贸结构又亟待转型升级，在这种经济环境下，中央政府重新审视了"走出去"发展战略，并根据时代发展趋势创造性地提出了"一带一路"倡议。前文研究分析了对外承包工程对中国出口贸易的拉动、对出口商品结构的优化升级作用，结合当前推进的"一带一路"建设，本书有必要研究当前背景下对外承包工程"走出去"的历史机遇和政策意义。为此，下一章将研究对外承包工程发展的政策意义。

8 以对外承包工程"走出去"战略促外贸发展

本章将讨论"一带一路"倡议对中国对外承包工程"走出去",实现以承包工程促外贸增长和加快外贸转型升级的重要意义。笔者从宏观视角分析了共建"一带一路"国家和地区的经济发展状况及与中国的经贸关系。简要回顾了最近十几年来,中国在共建"一带一路"国家和地区的对外承包工程业务发展状况,并利用这些国家和地区的数据做实证检验,对比分析了对外承包工程对中国与共建国家和地区贸易的影响。在此基础上,笔者探讨了以对外承包工程促进外贸发展的现实可能与相关政策。

8.1 共建"一带一路"国家和地区的 经济状况及与中国的经贸关系

"一带一路"囊括了亚太经济圈和欧洲经济圈,纳入了65个共建国家和地区,既有发展潜力巨大的新兴经济体,也有经济发达的成熟国家。世界人口总量前十中就有6个是共建"一带一路"国家和地区,包括中国、印度、印度尼西亚、巴基斯坦、孟加拉国、俄罗斯。截至2015年末,共建"一带一路"国家和地区有将近45.7亿人口,约占世界总人口的62%,发展潜力巨大,合作前景值得期待。

8.1.1 共建"一带一路"国家和地区的经济状况

共建"一带一路"国家和地区的人口约占世界的 2/3, 2015 年各国的 GDP 总和为 22.86 万亿美元, 约占世界 GDP 的 31%。相对人口而言, GDP 所占比例较低, 主要原因是绝大部分的国家仍然是发展中国家, 仅有几个发达国家, 但从另一个角度来看, 共建"一带一路"国家和地区的经济存在巨大的发展空间。

如图 8-1 所示, 2015 年中国的 GDP 在共建"一带一路"国家和地区中最大, 为 110077.2 亿美元, 约占共建"一带一路"国家和地区 GDP 总量的 50%。其余区域 GDP 总量较大的依次为西亚、南亚、东盟、独联体国家、欧洲等, 分别为 27256.38 亿美元、26898.62 亿美元、24381.42 亿美元、15605.42 亿美元、15585.38 亿美元。按 2015 年国家的 GDP 总量排名, 排在第二位至第四位的是印度、俄罗斯、印度尼西亚、土耳其, GDP 分别为 20953.98 亿美元、13312.07 亿美元、8919.34 亿美元、7178.8 亿美元; GDP 最小的是不丹, 仅为 20.58 亿美元。

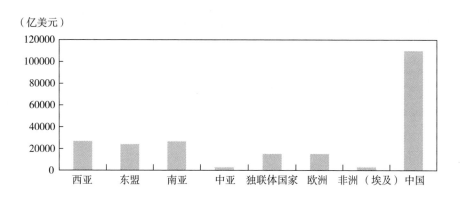

图 8-1 2015 年共建"一带一路"国家和地区 GDP

资料来源: 世界银行。

共建"一带一路"国家和地区的经济增长率普遍较高。2015 年有 43 个国家的经济增长率高于世界平均经济增长率, 仅有 22 个国家低于世界平均经济增长率; 有 10 个国家的经济增长率超过 6%, 其中最高的是乌兹别克斯坦，为 8%，经济增长率超过 7% 的分别是印度、老挝、柬埔寨、缅甸，可见共建"一带一路"国家和地区的经济非常具有活力，亚洲地区仍是世界经济的增长点；有 7 个国家的 GDP 为负增长，其中负增长比例最大的是也门，为 -28.1%，这主要是由局部战乱造成的，另外几个经济衰退较严重的国家分别是乌克兰、白俄罗斯、俄罗斯，这几个都是独联体国家，由于冷战时期产业结构严重失衡，经济转型又未能扭转这些不利局面，加上 2015 年能源等大宗商品的价格又剧烈下挫，因此依靠能源发展的东欧国家的经济发生了较严重的衰退。

按人均 GDP 计算，2015 年有 20 个共建"一带一路"国家和地区的人均 GDP 高于世界平均水平，排在前三的是卡塔尔、新加坡和阿联酋，分别为 73563 美元、52888 美元和 40438 美元；有 45 个共建"一带一路"国家和地区的人均 GDP 不及世界平均水平，人均 GDP 最低的是阿富汗，仅为 594 美元，中国的人均 GDP 为 8027.7 美元，处于中下水平。

8.1.2 共建"一带一路"国家和地区的贸易和外国投资情况

分析各国的进出口情况可以知道它们商品的竞争力，图 8-2 显示了 2015 年共建"一带一路"国家和地区按区域划分的货物和服务进出口额，中国货物和服务的出口额和进口额分别为 24312 亿美元和 20457 亿美元。此外，东盟、西亚、欧洲的货物和服务进出口额较高，其中东盟最多，出口额和进口额分别为 14730 亿美元和 13465 亿美元。中亚最少，出口额和进口额分别为 748 亿美元和 736 亿美元。按国家区分，进口总额排在前列的是中国、印度、新加坡、阿联酋和俄罗斯，出口总额排在前列的是中国、新加坡、印度、俄罗斯和阿联酋，进出口总额最小的是不丹。

外国直接投资额是衡量一个国家对外国资本的吸引能力的指标，IMF 统计数据显示，共建"一带一路"国家和地区也是一个吸引外资较多的区域。2015 年共建"一带一路"国家和地区的外国直接投资净流入为 7398 亿美元，占世界总额的 34.2%。其中，外国直接投资净流入较多的 5 个国家分别是中国、新加坡、印度、印度尼西亚和土耳其，其中中国为 2498.6 亿美元；外国直接投资净流入较少的国家是阿曼、匈牙利和巴林，净流入额分别为 -26.9 亿美元、-26.2 亿美元、-14.6 亿美元，即这些国

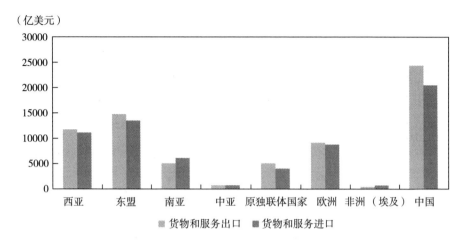

（亿美元）

图 8-2　2015 年共建"一带一路"国家和地区货物和服务进出口额

资料来源：世界银行。

家的外国直接投资是净流出的，不过流出的额度并不大。

8.1.3　共建"一带一路"国家和地区与中国的经贸关系

中国与共建"一带一路"国家和地区的贸易规模巨大，增长较快，如图 8-3 所示。2006 年中国（不含港澳台地区的数据）对共建"一带一路"国家和地区的出口额、进口额及进出口总额分别为 3650.58 亿美元、2680.78 亿美元和 6331.35 亿美元，到 2015 年分别达到 9983.72 亿美元、5445.59 亿美元和 15429.31 亿美元，增长了近两倍。特别是 2009～2013 年进出口总额高速增长，这几年中国的外贸增长在很大程度上是得益于对共建"一带一路"国家和地区贸易的增长。与共建"一带一路"国家和地区的贸易额占中国内地（大陆）总贸易额的 45% 左右，如果加上这些国家与中国港澳台地区的贸易，中国约有 55% 的对外贸易是与共建"一带一路"经济体发生的。

2014 年中国的外商直接投资实际利用额为 1262.7 亿美元，其中香港在内地的投资额为 863.8 亿美元，因此，内地（大陆）的外商直接投资主要来源于港澳台地区，共建"一带一路"国家和地区在中国的投资额仅有82.5 亿美元，可见共建"一带一路"国家和地区对中国的直接投资还很小。

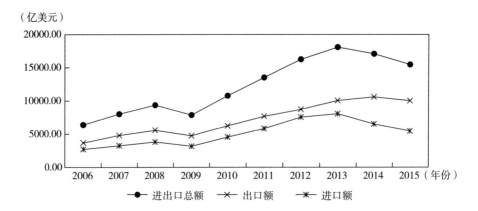

图8-3　2006~2015年中国（不含港澳台地区）与

共建"一带一路"国家和地区的贸易

资料来源：《中国统计年鉴》（2007~2016）。

表8-1是2008~2014年中国对外直接投资存量较多的共建"一带一路"国家和地区的数据，到2014年，中国内地的对外直接投资存量超过10亿美元的只有15个国家。2014年中国内地的对外直接投资存量为8826.4亿美元，其中共建"一带一路"国家和地区经济体占6041.04亿美元，而对中国香港、中国澳门的投资又占据了很大比例，可见中国内地对"一带一路"国家和地区的投资还有很大的提升空间。

表8-1　2008~2014年中国内地对外直接投资存量较多的共建"一带一路"国家和地区

单位：亿美元

国家或地区 \ 年份	2008	2009	2010	2011	2012	2013	2014
马来西亚	3.61	4.80	7.09	7.98	10.26	16.68	17.86
沙特阿拉伯	6.21	7.11	7.61	8.83	12.06	17.47	19.87
阿联酋	3.76	4.40	7.64	11.75	13.37	15.15	23.33
越南	5.22	7.29	9.87	12.91	16.04	21.67	28.66
泰国	4.37	4.48	10.80	13.07	21.27	24.72	30.79
柬埔寨	3.91	6.33	11.30	17.57	23.18	28.49	32.22

年份 国家或地区	2008	2009	2010	2011	2012	2013	2014
印度	2.22	2.21	4.80	6.57	11.69	24.47	34.07
伊朗	0.94	2.18	7.15	13.52	20.70	28.51	34.84
巴基斯坦	13.28	14.58	18.28	21.63	22.34	23.43	37.37
蒙古国	8.96	12.42	14.36	18.87	29.54	33.54	37.62
中国澳门	15.61	18.37	22.29	26.76	29.29	34.09	39.31
老挝	3.05	5.36	8.46	12.76	19.28	27.71	44.91
印度尼西亚	5.43	7.99	11.50	16.88	30.98	46.57	67.94
哈萨克斯坦	14.02	15.16	15.91	28.58	62.51	69.57	75.41
俄罗斯	18.38	22.20	27.88	37.64	48.88	75.82	86.95
新加坡	33.35	48.57	60.69	106.03	123.83	147.51	206.40
中国香港	1158.45	1644.99	1990.56	2615.19	3063.72	3770.93	5099.20
合计	1319.48	1857.55	2290.35	3041.67	3639.46	4504.47	6041.04

资料来源:《2014 年度中国对外直接投资统计公报》。

8.2 对外承包工程在共建"一带一路"
国家和地区的发展现状

《推动共建丝绸之路经济带和 21 世纪海上丝绸之路的愿景与行动》发布之后,"一带一路"的务实合作项目逐步展开。2015 年 12 月,亚洲基础设施投资银行正式成立,服务于"一带一路"建设的多边金融机构开始运行,标志着中国与共建"一带一路"国家和地区全面合作的开始,中国有越来越多的机会参与共建"一带一路"国家和地区的工程承包。本节先分析中国与共建"一带一路"国家和地区的工程合作情况,并回顾 2002 ~ 2015 年中国对外承包工程在这些国家的发展状况,然后利用共建"一带一路"国家和地区的数据对比分析对外承包工程对共建"一带一路"国家和地区贸易的促进作用。

8.2.1 中国与共建"一带一路"国家和地区的工程合作情况

（1）合作的大型工程项目。自 2013 年中国提出"一带一路"倡议后，中国与不少国家开展了工程合作，影响较大的有：2014 年 5 月与肯尼亚签署了《蒙巴萨—内罗毕铁路建设合作协议》，根据协议规定，蒙内铁路采用中国铁路的一级标准设计和施工，这是海外首条采用中国标准的铁路；2015 年 12 月中国建筑股份有限公司与巴基斯坦国家公路局签署巴基斯坦卡拉奇至拉合尔高速公路（苏库尔—木尔坦段）的商务合同，2016 年 1 月位于吉拉姆河畔由三峡集团承建的卡洛特水电站主体工程开工，中国与巴基斯坦的基础设施建设合作进入快速发展阶段；2016 年 1 月，印度尼西亚雅万高铁奠基仪式开幕，开始了中国高铁与印度尼西亚的合作，同年 2 月和 12 月中国和伊朗、老挝的铁路合作项目正式开始动工，意味着中国的高铁迎来了越来越多"走出去"的机遇。

（2）对外承包工程在共建"一带一路"国家和地区的总体发展状况。商务部统计数据显示，2015 年中国企业与共建"一带一路"的 60 个国家新签对外承包工程项目合同 3987 份，合同金额高达 926.4 亿美元，占中国对外承包工程新签合同金额的 44.1%，同比增长 7.4%。图 8-4 是 2002~2015 年中国（不含港澳台地区的数据）对外承包工程完成营业额的变动情况，中国在共建"一带一路"国家和地区承包工程的完成营业额约占总额的 45%，2002 年的完成营业额仅为 39.5 亿美元，到 2015 年完成营业额为 694.7 亿美元。对外承包工程完成营业额在 2002~2004 年增长较慢，2005~2009 年增长较快，增长速度高于全国总额的增速，2010~2014 年又进入较慢的增长阶段，低于全国总额的增速。2013 年以来，"一带一路"倡议的作用逐渐显现，2015 年中国对外承包工程在共建"一带一路"国家和地区的完成营业额同比增长 7.8%，缩小了与全国对外承包工程总额的增长速度的差距。可以预见，随着共建"一带一路"国家和地区与中国的工程合作项目逐渐开工建设，该区域将成为中国对外工程承包的新增长点，也必将对双边经济贸易产生更深远的影响。

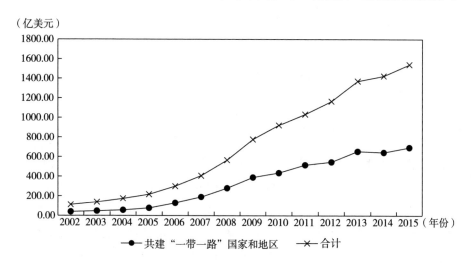

（亿美元）

图 8-4　2002~2015 年中国对外承包工程完成营业额的变化

资料来源：笔者根据相关年份《中国统计年鉴》整理而得。

8.2.2　对外承包工程对共建"一带一路"国家和地区贸易影响的实证分析

8.2.2.1　变量选取和实证模型

为了对比分析中国对外承包工程对共建"一带一路"国家和地区贸易的影响，本部分单独研究共建"一带一路"国家和地区，一部分国家和地区的数据存在缺失，如巴勒斯坦、马其顿等，对这些国家做了剔除处理，最后选取了 52 个国家和地区作为本部分的研究样本，研究的时间跨度为2002~2015 年。以下先对因变量、自变量、控制变量及数据来源做详细说明。为了与第 5 章的实证结果进行对比，鉴于在第 5 章的实证分析中，国民收入水平的平方项并未表现出显著性，因此本章的实证方程中不再包含该变量。除此之外，其他变量和实证方程的设置保持不变。

（1）因变量。出口总额（EX），用中国对东道国的海关出口总额表示，数据来源于相关年份《中国统计年鉴》。除了考察出口贸易，还考察了中国从东道国进口的情况，用进口总额（IM）表示，数据同样来源于相关年份《中国统计年鉴》。

（2）自变量。对外承包工程（FCP），对外承包工程是本章的核心变量，表示当年中国在东道国承包工程的力度，用中国对外承包工程完成营业额表示，数据从相关年份《中国统计年鉴》中获得。

（3）其他变量。具体变量有：东道国的经济总量（GDP）；国民收入水平（GNI）；经济开放度（OPEN），用外贸依存度表示，即 OPEN =（货物和服务的进口总额+货物和服务的出口总额）/GDP 总额×100%；每 100 人所拥有的电话线数量（TELL）；出口文件数量（EXF）；清廉指数（IST）；两国地理距离，包括两国主要城市之间的距离（DIS），按照贸易双方经纬度计算主要城市的球面距离，以及贸易双方国家是否有共同国界（BORDER）。变量具体的解释见第 5 章，这里不再重述。基于前文影响机制的分析和以上所选变量的说明，构建实证模型方程：

$$\ln(\mathrm{EX}_{i,t}) = \alpha_i + \theta_1 \ln(\mathrm{FCP}_{i,t}) + \beta_1 \ln(\mathrm{GDP}_{i,t}) + \beta_2 \ln(\mathrm{GNI}_{i,t}) + \beta_3 \ln(\mathrm{DIS}_{ic}) +$$
$$\beta_4 \mathrm{OPEN}_{i,t} + \beta_5 \ln(\mathrm{TELL}_{i,t}) + \beta_6 \mathrm{IST}_{i,t} + \beta_7 \mathrm{EXF}_{i,t} + \beta_8 \mathrm{BORDER}_{ic} + \varepsilon_{i,t}$$

$$(8-1)$$

其中，i 表示中国在第 i 个国家承包工程，t 表示第 t 年，$\varepsilon_{i,t}$ 为随机误差项。进口总额的回归方程只需把（8-1）式中的因变量变成 $\ln(\mathrm{IM}_{i,t})$ 就可以了，这里不再单独列出方程。

8.2.2.2　数据说明

变量的描述性统计结果如表 8-2 所示。

表 8-2　变量的描述性统计结果

变量	均值	方差	最小值	中位数	最大值	数据来源
出口总额（百万美元）	5775	9846	1.940	1797	63730	《中国统计年鉴》
进口总额（百万美元）	5034	9930	0.0100	557.4	62137	
对外承包工程（百万美元）	592.5	1026	0.0100	141.0	7442	《中国贸易外经统计年鉴》
经济总量（现价，亿美元）	1674	2952	9.109	608.2	20790	世界银行 WDI 数据库
国民收入水平（现价，美元）	9482	13753	181.7	3841	92451	
经济开放度	1.017	0.567	0.149	0.928	4.496	
每 100 人所拥有的电话线路数量（条/每 100 人）	16.68	12.73	0.0130	15.10	57.56	

续表

变量	均值	方差	最小值	中位数	最大值	数据来源
出口文件数量（件）	7.047	2.544	3	7	15	世界银行 WDI 数据库
两国主要城市之间的距离（千米）	5370	1686	1172	5824	7686	CEPII 数据库
两国是否有共同边界	0.231	0.422	0	0	1	
清廉指数	3.574	1.609	0.800	3.100	9.400	透明国际

8.2.2.3 回归结果分析

（1）基准回归结果。表 8-3 是基于实证方程得到的回归结果。笔者先利用 Stata12 进行面板数据回归模型选择检验，Hausman 检验结果表明拒绝随机效应模型，因此此处选取固定效应模型进行回归，即控制不同国家之间个体的差异性，采用国家个体固定效应模型。但是固定效应模型在估计时把不随时间改变的变量差分掉了，因此两国主要城市之间的距离（DIS）与两国是否有共同边界在固定效应模型中没能得到估计。为了对比分析，笔者在表 8-3 中也报告了随机效应模型的估计结果，在分析回归结果时以固定效应模型为主。

表 8-3 对外承包工程对共建"一带一路"国家和地区贸易影响的基准回归结果

变量	固定效应模型		随机效应模型	
	（1）	（2）	（3）	（4）
	ln（EX）	ln（IM）	ln（EX）	ln（IM）
ln（FCP）	0.137***	0.122**	0.165***	0.1505***
	(8.97)	(2.52)	(11.13)	(2.95)
ln（GDP）	1.477***	1.473***	1.052***	1.391***
	(9.79)	(4.58)	(18.46)	(11.26)
ln（GNI）	0.831***	-0.685	1.301***	-0.656
	(3.01)	(-1.17)	(4.99)	(-1.22)
OPEN	0.283**	0.851***	0.487***	0.886***
	(2.29)	(3.24)	(4.41)	(3.86)
ln（TELL）	-0.119	0.145	-0.151***	0.187**
	(-1.44)	(1.40)	(-3.35)	(2.00)

变量	固定效应模型		随机效应模型	
	（1）	（2）	（3）	（4）
	ln（EX）	ln（IM）	ln（EX）	ln（IM）
IST	0.287***	0.0494	0.178*	0.0565
	(2.77)	(0.22)	(1.74)	(0.27)
EXF	-0.493***	0.0133	-0.408**	0.161
	(-2.87)	(0.04)	(-2.56)	(0.49)
ln（DIS）	—	—	-0.996***	-2.728***
	—	—	(-3.24)	(-4.03)
BORDER	—	—	0.702**	-0.433
	—	—	(2.51)	(-0.70)
常数项	-27.82***	-23.95***	-12.42***	0.444
	(-9.77)	(-3.95)	(-4.25)	(0.07)
N	676	676	676	676
调整 R^2	0.832	0.529	0.833	0.7367

注：*、**、***分别表示在10%、5%、1%的显著性水平上显著，括号内为t统计量。

表8-3的列（1）、列（2）显示，对外承包工程的回归系数均为正，而且通过1%的显著性检验，即对外承包工程对出口总额、进口总额有正面的促进作用，与前文的实证结果一致。调整 R^2 分别为0.832、0.529，表明模型对因变量的整体解释程度很高。对外承包工程完成营业额增长1%可以促进中国向东道国的进口额增长0.137%，从东道国的进口额增长0.122%。这两个系数均大于第5章的回归结果，说明对外承包工程对共建"一带一路"国家和地区的国际贸易效应更大。

其他变量的回归结果也与预期一致。列（1）的回归结果显示，经济总量（GDP）的回归系数为正，与现有文献的研究结果一致，东道国的GDP增长1%可以促进中国对东道国的出口贸易增长1.477%，这表明一个国家经济总量的增大会增强它的支付能力，因而会加大进口；经济总量的增大同时意味着它的经济实力增强，出口能力也会随之提高，从而使进出口贸易增长。国民收入水平（GNI）的回归系数为正，表明一个国家国民收入水平的提高有利于进出口贸易的发展，因为本国国民收入的增加通常会增加从国外进口商品。经济开放度（OPEN）的回归系数均为正，这与现实情况相吻合，一个国家的经济开放度越高，越有利于进出口贸易的发展；经济开放度越高，企业的贸易成本就越低，企业就会积极主动开发海外市场，促进出口，同时进口企业也会主动寻找进口贸易的盈利机会，从而总体上促进了贸易的发展。每100人所拥有的电话线路数量（TELL）的回归系数不显著，表明基础设施没有对进出口贸易产生显著影响。出口文件数量（EXF）的回归系数均为负，而且通过了相应的统计显著性检验，表明贸易便利化程度对进出口贸易有积极的影响，简化进出口程序，减少进出口文件数量有利于贸易的发展。在随机效应模型中，两国主要城市之间的距离（DIS）的回归系数均为负，即两个国家的距离对双边贸易流产生负面的影响；两国是否有共同边界（BORDER）的回归系数只在模型（3）中显著而且为正，即两国有共同边界有利于增加中国的出口贸易，这与现有文献的研究结果一致。

（2）海上、陆路丝绸之路成员国对比分析。为了对比分析，根据共建"一带一路"国家和地区的地理特征，把样本分为海上丝绸之路成员国①和陆路丝绸之路成员国。陆路丝绸之路成员国基本上都是内陆国，比较闭塞，与对外联系多有不便，缺乏航海贸易空间，发展国际贸易不具备地理优势。受到交通限制，陆路丝绸之路成员国远离了世界市场，开展进出口贸易需要经过别国的国境出海，直接增加了贸易成本。而海上丝绸之路成员国都是沿海国家，沿海国家依靠其拥有便利的入海口和港口发展对外贸易。因此，中国在这两类国家承包工程对两国双边贸易的影响也应该有所不同。从表8-4的回归结果来看，以海上丝绸之路成员国为样本时对外承包工程的回归系数均比以陆路丝绸之路成员国为样本时大，特别是出口模型中，以海上丝绸之路成员国为样本时对外承包工程的系数比以陆路丝绸之路成员国为样本时大30%。

---

① 海上丝绸之路成员国有：阿联酋、阿曼、埃及、巴基斯坦、巴林、菲律宾、柬埔寨、卡塔尔、科威特、老挝、马尔代夫、马来西亚、孟加拉国、缅甸、尼泊尔、沙特阿拉伯、斯里兰卡、泰国、文莱、新加坡、叙利亚、也门、印度、印度尼西亚、越南，其余国家为陆路丝绸之路成员国。

表 8-4　分海上、陆路丝绸之路样本回归结果

变量	海上丝绸之路成员国		陆路丝绸之路成员国	
	（1）	（2）	（3）	（4）
	ln（EX）	ln（IM）	ln（EX）	ln（IM）
ln（FCP）	0.184***	0.132***	0.1293***	0.110**
	（8.82）	（2.72）	（4.87）	（2.09）
ln（GDP）	1.361***	1.873***	0.571	3.570***
	（8.65）	（6.60）	（1.12）	（2.98）
ln（GNI）	0.194	0.209	2.694***	−5.198***
	（0.65）	（0.39）	（3.69）	（−3.02）
OPEN	0.714***	0.589**	0.107	0.973**
	（4.53）	（2.07）	（0.59）	（2.28）
ln（TELL）	−0.121	0.220	−0.160	0.0359
	（−1.30）	（1.32）	（−1.83）	（0.17）
IST	0.371***	0.958***	0.102	−0.586
	（2.82）	（4.03）	（0.65）	（−1.59）
EXF	−0.442*	−0.967**	−0.400	0.261
	（−1.87）	（−2.27）	（−1.64）	（0.45）
常数项	−24.60***	−32.34***	−13.55*	−47.54**
	（−7.50）	（−5.46）	（−1.71）	（−2.55）
N	325	325	351	351
调整 R^2	0.895	0.676	0.843	0.505

注：*、**、***分别表示在10%、5%、1%的显著性水平上显著，括号内为 t 统计量。

通过对比分析实证结果发现，中国在共建"一带一路"国家和地区承包工程的贸易弹性更大，贸易效应更大，可以带动更多的贸易出口。乘着"一带一路"的"东风"，中国企业应该积极主动地"走出去"，参与共建"一带一路"国家和地区的基础设施建设，承包更多的国际工程，政府也应该出台相关的政策，支持和鼓励企业在共建"一带一路"国家和地区承包工程，利用对外承包工程对拉动出口贸易，实现外贸的持续稳定增长和出口的转型升级发展。

8.3 以对外承包工程"走出去"促外贸
发展的政策建议

"一带一路"倡议是一个跨区域、规模宏大的历史性构想，其实施要依靠各国之间的"五通"，即政策沟通、基础设施联通、货物畅通、资金融通和人员相通。政策沟通是前提条件，只有保持各国政策连贯性，才能保证其他举措的实施；基础设施联通又是货物畅通、资金融通、人员相通的基础，因此，实现基础设施互联互通是当前的首要任务。中国在共建"一带一路"国家和地区实现基础设施互联互通过程中应该发挥工程建设的特长，在相关国家和地区承建更多的工程项目。为此，相关部门应该做好相关政策支持，让更多企业"走出去"承包工程，促进中国对外贸易的发展。具体而言，政府部门应该做好以下的政策支持，实现以对外承包工程促外贸发展。

8.3.1 加强交通合作，实现道路互联互通

交通合作以基建工程为基础，中国企业可以积极参与共建"一带一路"国家和地区的基建工程项目建设，一方面增加相关工程设备、工程材料的出口，另一方面通过完善基础设施推进中国与共建"一带一路"国家和地区的经贸往来。

（1）基础设施在交通合作中起到基础作用。在尊重共建"一带一路"国家和地区民意的基础上，要加快其交通道路的升级和其他基础设施的完善。"一带一路"倡议的首要目标就是实现相关国家的交通网络互联、提升区域内国家的交通运输能力。因此，道路互联互通是共建"一带一路"建设的基础环节，只有通过区域内相关的国家通力合作，建设高效、互通的基础设施网络，各国之间的商品、人员才可以方便快捷地流动。正如 YU（2015）指出，中国与共建"一带一路"国家和地区应该通过各种办法、利用各种渠道筹措资金，解决区域内跨界交通基础设施问题，把亚洲、非洲、

欧洲所有次区域的交通基础设施连接成一个巨大的交通网络，改变长期以来"无路可通""有路不通"的混乱局面。

（2）交通合作是共建"一带一路"国家和地区经济发展的重要途径。"一带一路"建设将延伸出多个经济走廊，"陆路丝绸之路"将形成"中国—哈萨克斯坦—俄罗斯—欧洲"经济走廊和"中国—中亚—伊朗—波斯湾—地中海国家"经济走廊，以及自中国南下"云贵川—泰国、缅甸—印度—斯里兰卡、马尔代夫"三个联通的经济走廊。"21世纪海上丝绸之路"则由中国南海走向马六甲海峡，继续西行穿过印度洋，经由苏伊士运河，最终到达欧洲大陆，沿途经过几十个国家和地区，形成了一个强大的经济圈。当这些经济走廊和经济圈实现交通基础设施的互联互通，将直接增加各国的贸易流量，同时增进文化、人员的交流。例如，中国与欧盟一直保持频繁的贸易往来，中国对欧盟的贸易总额约占中国对外贸易的15%，随着丝绸之路经济带的打通，中国与欧盟的贸易往来将突破传统的贸易方式，实现海、陆、空三位一体的全方位的经济贸易往来。

丝绸之路经济带覆盖了腹地广袤、充满发展潜力的中亚国家，随着陆路交通基础设施的联通，中国与中亚国家的贸易可以通过便捷的陆路交通进行，改变多年以来中国与中亚国家贸易运输成本高企的局面，拉动中国与中亚国家的贸易。"一带一路"倡议也将使中国—东盟的经贸关系进一步升级，中国—东盟已经建成自由贸易区，但是中国与东盟国家的交通基础设施还未实现互联互通。随着东盟加入"一带一路"倡议，中国—东盟将形成公路互通、铁路联通、航运畅通的交通运输网络，这必将提升中国—东盟的贸易地位，全面升级中国—东盟自由贸易区。

（3）交通合作是中国扩大经济开放和贸易的重要保障。"一带一路"建设是当前中国加大开放力度的"主钥匙"，经过几十年的快速增长，中国的经济增长动力减缓，要扭转这个不利局势，就要加大开放力度、深化国内改革。与共建"一带一路"国家和地区的交通合作不仅能改善它们的交通运输状况，而且可以降低中国与它们的贸易成本，扩大市场容量，助推双方的经济发展，因此，可以说与共建"一带一路"国家和地区的交通合作是当前阶段中国扩大经济开放和贸易的重要保障。

8.3.2 深化金融合作，保障融资功能

金融合作是完善基础设施、实现互联互通的保障，是撬动共建"一带一路"国家和地区基础设施建设的有力杠杆，因此，需要建立起立足于亚洲、服务于"一带一路"、面向世界的金融合作机制。

（1）构建和完善开发性金融机构和商业性金融机构并重的金融体系。2016年1月16日，亚洲基础设施投资银行（简称"亚投行"）正式开业，标志着"一带一路"首个开发性金融支持机构正式运营。亚投行初始会员达57个，法定资本达1000亿美元，亚投行将为"一带一路"基础设施建设补充资金缺口，支持相关国家的基础设施建设。早在2015年7月金砖国家就正式成立了金砖国家新开发银行，为金砖国家和其他新兴国家提供基础设施资金，创始会员遍及亚洲、欧洲、非洲、拉丁美洲。

除了多边共建的开发性金融机构要为共建"一带一路"国家和地区的基础设施建设提供资金，商业性金融机构也要发挥融资作用为共建"一带一路"国家和地区基础设施建设提供支持。"一带一路"倡议给商业银行的国际化经营提供了契机，中资银行响应"一带一路"倡议到2015年6月已经在20多个共建国家和地区开设了55家一级分支机构，特别是五大银行为东南亚、西亚地区的经济发展提供了融资支持。不管是多边合作的开发性银行还是商业金融机构，都应该为"一带一路"国家和地区的基础设施建设提供金融支持，以为基础设施互联互通提供有力的资金保障。

为了更有效地推动共建"一带一路"国家和地区的基础设施建设，可以从以下方面着手：①加强多边开发性金融机构的合作：通过亚洲基础设施投资银行和金砖国家新开发银行等机构，为共建国家和地区提供长期、稳定的低息贷款，帮助它们解决资金短缺等问题。此外，还可加大这些机构对"一带一路"相关项目的资金投入，并简化审批流程，加快项目实施进度。②设立专项基础设施基金：鼓励共建国家和地区设立专项基金，支持跨国基础设施项目。中国可以通过直接投资或提供担保的方式，帮助这些基金获得更大的国际资本市场支持，进而吸引更多私人投资者参与"一带一路"项目。③促进商业银行的国际化：推动中资银行扩大在共建"一带一路"国家和地区的业务，尤其是加强在基础设施项目融资、贸易融资

和供应链融资方面的能力。中资银行应与当地金融机构合作，推出符合当地市场需求的金融产品，促进双向资本流动和金融市场的融合。

（2）加快人民币国际化，加深与共建"一带一路"国家和地区的金融联系。中国是"一带一路"倡议的发起者，"一带一路"建设给人民币国际化带来了机遇。随着中国经济实力的提升，以及中国与共建"一带一路"国家和地区贸易程度的加深，人民币的国际化地位将越来越突出，这是大势所趋，也将使中国在共建"一带一路"国家和地区基础设施建设中的影响力更大，从而推动中国对外贸易的进一步发展。

此外，为了加深与共建"一带一路"国家和地区的金融联系，确保区域性金融体系的稳定性，一方面应加强信息沟通、信息共享、监管共享；另一方面应加大投资往来的支持，进一步增强区域金融一体化，降低金融风险。近几年，中国与共建"一带一路"国家和地区之间的投资增长较快，直接推动了多边的金融合作，加快了"一带一路"的建设进程。

8.3.3 深入推进国际产能合作，坚持合作共赢

当前，产能合作也是"一带一路"建设合作的重要方面，中国应该充分利用对外承包工程"走出去"的机会与共建"一带一路"国家和地区展开国际产能合作。一方面，把传统产业转移到发展欠发达国家，帮助它们建立起产业体系，利用对外工程承包"走出去"，优化中国的产业结构。另一方面，利用共建"一带一路"国家和地区的资源优势完善国内产业体系，从而优化国内产业结构，实现产业转型升级发展。

（1）建立完善的促进产能合作机制和支持服务体系。首先，相关部门要与时俱进，完善管理体制机制，加强制度创新，助力海外投资、国际合作。其次，根据实际合作需要，提供政策支持，如针对对外投资与合作项目给予相应的税收优惠。政府作为公共服务的主要提供者，应该主动搭建"一带一路"产能合作信息网络，加强与亚投行、丝路基金等金融机构合作，研究建立国际产能合作信息库，为企业提供所需信息。最后，推进会计师事务所、信用评级机构、律师事务所、投行等中介服务机构"走出去"，在国际上占有一席之地，以为中国企业"走出去"、实现国际产能合作提供服务。

（2）坚持合作共赢，增强企业国际竞争力。企业"走出去"，面临全新的商业环境，经营难度大幅上升，因此，必须坚持合作共赢的理念，通过与当地企业、服务中介、金融机构等合作，减少政治动荡、经济波动等带来的风险和损失。同时，要积极融入当地社会，提高企业社会责任，使企业在国际产能合作中处于有利地位。在国际产能合作中，企业除了要坚持合作共赢的理念，还要不断提高自身的国际竞争力。一方面，企业应建立起强大的产品和服务研发部门，为企业"走出去"提供保障。另一方面，企业应该重视人才多元化建设，应用高端人才，才能在国际产能合作中处于有利地位，进而推动国内产业结构优化升级、促进贸易增长。

8.3.4 进行国际工程合作，加深贸易往来

21 世纪以来，中国的对外承包工程进入高速增长期，特别是 2013 年以来"一带一路"倡议的实施，赋予了对外承包工程新的历史使命，它不仅拓宽了中国对外合作的领域，而且增加了对外合作的维度。因此，在"一带一路"建设过程中，中国应该利用自身工程建设的比较优势，推动共建"一带一路"国家和地区基础设施的完善，为形成互联互通的交通网络贡献自己的力量。这样不仅能提高这些国家的经济发展水平，而且促进了中国与共建"一带一路"国家和地区的贸易往来，是当前中国保持外贸稳增长、实现外贸升级的新方法。可见，继续加大与共建"一带一路"国家和地区的国际工程合作，是实现共建"一带一路"国家和地区经济发展、中国外贸增长和经济持续增长的重要举措。

8.4 本章小结

本章分析了共建"一带一路"国家和地区的经济发展状况及与中国的经贸关系。共建"一带一路"国家和地区人口占世界人口的 62%，经济规模宏大，2015 年 GDP 总量为 22.86 万亿美元，占世界 GDP 的 31%，绝大多数国家是发展中国家，它们经济增长较快，充满活力，是世界经济未来的

主要增长点。中国与共建"一带一路"国家和地区的贸易往来频繁,贸易额占中国对外贸易额的 55%。本章实证分析了在共建"一带一路"国家和地区承包工程对中国进出口贸易的影响,结果显示,中国在共建"一带一路"国家和地区承包工程的贸易弹性更大。

中国应该乘着"一带一路"建设的"东风",捉住历史发展机遇,促进国内企业"走出去",参与共建"一带一路"国家和地区的基础设施建设,承包更多的国际工程,从而带动出口贸易的发展。为此,政府应秉承开放、发展、包容、合作的精神与共建"一带一路"国家和地区展开全面的合作,做好服务支持。具体而言,应加强交通合作,实现道路互联互通,一方面增加相关工程设备、工程材料的出口,另一方面通过完善基础设施推进中国与共建"一带一路"国家和地区的经贸往来;深化金融合作,保障融资功能,建立立足于亚洲、服务于"一带一路"、面向世界的金融合作机制;深入推进国际产能合作,坚持合作共赢,充分利用对外承包工程"走出去"的机会与共建"一带一路"国家和地区展开国际产能合作,从而优化国内产业结构,实现产业升级发展;进行国际工程合作,加深贸易往来,支持和鼓励企业在共建"一带一路"国家和地区承包工程,利用对外承包工程拉动出口贸易,实现外贸的持续稳定增长和出口的转型升级发展。

9 主要结论、政策启示与未来展望

9.1 主要结论

  本书探讨的核心问题是中国对外承包工程与对外贸易的关系，分五大块进行研究，即对外承包工程投资区位分布的影响因素，对外承包工程对进出口贸易规模、工业企业的出口扩张、出口商品结构的影响，以及以对外承包工程促外贸发展的政策。本书系统梳理相关文献，回顾了对外直接投资、对外承包工程、国际贸易的相关研究成果，在此基础上借鉴相关理论进一步进行影响机制分析、提出研究假说、构建相应的实证模型，从宏观层面、微观企业层面实证分析上述五个方面的内容，得到以下几点基本结论：

  （1）借鉴资本跨界投资理论，从东道国的市场规模、资源要素、制度、基础设施等角度分析了对外承包工程投资区位分布。之后建立实证模型，利用中国在 148 个国家（地区）对外承包工程的数据实证检验了中国对外承包工程投资区位分布的影响因素，结果显示，东道国的经济规模可以促进中国的对外承包工程投资，东道国的经济发展水平与中国对外承包工程的投资区位分布呈负相关关系，即中国的对外承包工程投资偏向于经济发展水平比较低的发展中国家。东道国的自然资源和人力资源禀赋均与中国对外承包工程投资呈正相关关系。东道国的基础设施水平与中国的对外承包工程投资呈负相关关系。东道国的经济制度、税收制度、金融融资制度、对外贸易制度的完善以及廉洁的政府制度均有利于吸引中国的对外承包工程投资。

（2）选取了2002~2014年中国在115个国家的对外承包工程数据，系统地探讨了这些工程对中国与东道国进出口贸易的影响。研究发现，对外承包工程不仅通过引致需求和技术溢出效应促进了双边贸易，还通过克服贸易障碍强化了中国与东道国的经济联系。实证结果显示，工程投资的增加使中国对这些国家的出口增长了0.176%，进口增长了0.248%，这展示了对外承包工程在双向贸易中的显著促进作用。此外，本书进一步分析了WTO成员方和非WTO成员方之间的贸易差异，发现中国在非WTO成员方的工程项目对贸易的推动作用更为显著。这可能是因为在这些国家中，中国的基础设施投资能够更直接地刺激经济活动和贸易往来。对东道国进行分类研究表明，中国在亚非拉发展中国家中承包工程对双边贸易的影响力更强，这反映出中国在这些区域市场中的投资策略更为有效。通过上述分析，本书揭示了中国对外承包工程在提升国际贸易关系中的重要性，凸显了中国在全球市场上日益增强的影响力。中国对外承包工程的增长不仅有助于扩大对外贸易，还能通过基础设施建设增强中国与东道国之间的经济纽带，进而推动更深层次的经济合作。这些结论不仅加深了我们对中国对外承包工程在国际贸易中的作用的理解，还为中国企业制定更具针对性的国际化发展战略提供了宝贵的实证支持。

（3）利用2002~2006年中国工业企业的相关数据，深入分析了对外承包工程对国内企业出口贸易的扩张效应。通过将海关数据、工业企业数据以及中国对外承包工程的国别数据进行匹配，并进行实证方法检验，发现对外承包工程营业额每增长1%，能够带动国内工业企业出口增加约0.08%。虽然这一增幅看似有限，但考虑到中国对外承包工程的营业额每年以约20%的速度增长，其累计增长对企业出口的促进作用不可忽视，存在显著的经济意义。

进一步分析发现，对外承包工程通过引致需求效应、成本克服效应以及逆向技术溢出效应，对国内工业企业的出口表现出显著的正向影响。具体而言，国有企业在引致需求效应下的出口增长更为显著，而民营企业则更多地受益于成本克服效应和逆向技术溢出效应。此外，本书还揭示了对外承包工程在不同经济发展水平的国家和行业中的不同表现：对发展中国家的出口促进效果更明显，尤其在需求引致和成本克服方面；而在发达国家中，逆向技术溢出效应则更为突出。在行业层面，对上游关联程度较高的行业，出口扩张的积极影响更为显著，表明这些行业能够更有效地利用承包工程所带来的机会。为了进一步确认研究结果的稳健性，本书构建了多个代理变量进行回归分析，得到的结果仍然与主模型一致。这进一步加强了研究的可信度，表明中国对外承包工程在推动国内企业出口方面发挥了多重作用，并为未来政策制定提供了参考依据。

（4）利用时间序列模型和面板数据模型，实证检验了对外承包工程对出口商品结构的影响，得出了丰富且具有启示性的结论。首先，时间序列模型的分析表明，对外承包工程和出口商品结构之间存在格兰杰因果关系，这意味着对外承包工程是出口商品结构优化的推动因素之一。具体来说，对外承包工程不仅能够直接促进国内出口商品结构的优化升级；还能通过产业结构优化的间接路径，实现对出口商品结构的优化升级。通过承建海外工程，引致了国外市场对高端装备、工程机械、新型材料等高新技术行业产品的需求，直接增加了这些高附加值产品的出口规模，达到了优化出口商品结构的目的。其次，对外承包工程通过逆向技术溢出效应带动了国内技术水平的提升，这一过程不仅提升了企业的创新能力和技术水平，还增强了国内企业获取资源的能力，从而推动了国内产业结构的转型升级。这一产业升级过程进一步促进了出口商品结构的优化，使出口商品在国际市场上的竞争力大幅提升。最后，面板数据模型分析显示，对外承包工程对不同类型产品的出口影响具有显著的差异性：对中等技术产品、高技术产品以及工程类相关产品的出口弹性显著大于初级产品和低技术产品的出口弹性。这一结果表明，对外承包工程的增加能够显著促进中高技术产品和工程类相关产品的出口，提升这些产品在出口商品中的比例，从而进一步优化出口商品结构。通过承接海外工程项目，中国企业能够获得先进的技术和管理经验，这不仅有助于提高国内高技术产业的技术水平，还能促进生产效率的提升和产品质量的提高。此外，对外承包工程还可以通过淘汰国内低端技术产品的产能，推动国内产业结构向高附加值和高技术含量方向发展，从而间接促进出口商品结构的优化升级。因此，政策制定者应重视对外承包工程在优化出口商品结构和推动产业升级中的关键作用，进一步支持国内企业参与国际工程项目，鼓励技术的引进和创新，推动国内产业向高端化、精细化方向发展，以提升中国企业在全球市场中的竞争力。

（5）共建"一带一路"国家和地区囊括了全球 60% 以上的人口，总体经济规模庞大。2015 年，共建"一带一路"国家和地区的 GDP 总量约为 22.7 万亿美元，占全球 GDP 的 31%。大多数共建"一带一路"国家和地区是发展中国家，经济增长迅速且充满活力，是未来全球经济增长的重要引擎。实证分析显示，中国在共建国家和地区的对外承包工程对进出口贸易有显著促进作用，表明中国企业在共建"一带一路"国家和地区的基础设施项目能够带来更大的贸易弹性，强化了中国与它们的经济联系和贸易互动，进一步凸显了中国对这些国家和地区的发展作出的重要贡献。通过这些项目，中国不仅能够扩大自身的经济影响力，还能推动共建"一带一路"国家和地区的经济发展，体现出共赢的合作模式。

9.2 政策启示

以上研究结果也给我们带来了一些启示。当面对错综复杂的国内外经济形势，积极推动外贸转型升级、实施"走出去"的发展战略是目前稳出口、保增长的必然选择。商务部的数据显示，2015 年中国对外承包工程完成营业额为 1540.7 亿美元，营业规模已经排在全球第一位。显然，对外承包工程已经成为当前中国实施"走出去"战略的重要手段，必将成为拉动中国对外贸易的重要力量。基于本书的研究结果，提出相应的政策建议：

（1）从对外承包工程投资区位分布的实证分析发现，中国的对外承包工程投资倾向于经济发展水平还比较低、资源要素比较丰富的国家；对历年的工程承包数据的分析显示，超过 2/3 的对外承包工程投资分布在亚洲和非洲的发展中国家。发展水平较低的国家给中国的工程承包公司提供了工程承包的机会，但是我们也应该看到风险发生的可能性，特别是那些政治不稳定、制度不完善的国家，风险发生的概率较高。在国外承包工程会面临国家风险（包括政权更迭、爆发战争、重大政治经济政策调整、社会动荡、宗教冲突）、劳务风险、环境风险（火灾、爆炸、有害物质泄漏等问题）、汇率风险、法律风险以及非传统安全风险（绑架、骚乱、恐怖袭击）等。如果不做好投资风险分析、未建立起投资风险防范体系，对外承包工程"走出去"不仅不能够给我们带来"带动出口贸易"的理想预期，还可能遭受巨大的损失。因此，必须建立相关的风险防范体系，相关部门应加大对"走出去"企业的服务力度，基于东道国的状况来评估承包工程的投资风险，以免发生经济损失。

（2）充分利用对外承包工程"走出去"的发展机遇，带动对外贸易的发展。首先，我们应该更加重视对外承包工程对进出口贸易的促进作用，积极利用在国外承包工程的机会，带动上下游相关产业的出口，即通过对外承包工程的引致需求效应拉动相关产品的出口，开拓"以工程带动出口"的贸易模式。例如，当前我国正大力推动的高铁、核电出海项目，可以利用在海外承建高端工程的机会，带动高端装备制造业以及上下游产品"走出去"，实现"稳出口"的外贸目标。其次，要加强与亚非拉发展中国家以及贸易自由化程度较低的非 WTO 成员方进行工程承包合作，广大发展中国家是中国稳出口、促外贸的重要对象，发展中国家存在较多的工程承包合作机会，同时，相比发达国家，在发展中国家承包工程更能带动双边的进出口贸易。政府应该针对对外承包工程出台相应优惠政策，为企业提供更加完善的"走出去"服务政策、健全对外承包工程的法律法规、建立对外承包工程的融资体系，为中国企业"走出去"承包工程、积极开发发展中国家市场做好服务支持。

（3）从实证结果来看，对外承包工程可以促进国内工业企业的出口贸易，通过引致需求效应、成本克服效应、逆向技术溢出效应促进企业的出口扩张。除发挥对外承包工程的贸易促进作用，还需要在以下几个方面做努力：首先，针对微观企业应该完善信息交流共享机制，建立"走出去"公共服务平台，积极主动搭建"一带一路"产能合作信息网络，加强与亚投行、丝路基金等金融机构合作，研究建立国际产能合作信息库，为企业提供所需信息。其次，根据实际合作需要，提供相应的政策支持，如针对对外投资与合作项目给予相应的税收优惠。再次，推进会计师事务所、信用评级机构、律师事务所、投行等中介服务机构"走出去",在国际上占有一席之地,以为中国企业"走出去"、实现国际产能合作提供服务。最后,加强工业企业与承包工程公司的业务联系,基于上下游产品的关联度搭建以工程承包公司为中心的对外贸易网络平台,通过工程承包公司在海外承建工程带动相关产品的出口。

(4)当前中国外贸出口增长趋缓,外贸结构亟待转型升级,相关部门应该借助对外承包工程"走出去"助推贸易结构转型升级。在"一带一路"建设背景下,应通过海外工程承建进行国际产能合作,淘汰、转移国内的落后产能,同时加快新兴优势产业的培育、发展,加速国内产业的新陈代谢,优化中国出口贸易商品结构。

中国应充分利用"一带一路"倡议所带来的机遇,推动国内企业更积极地参与全球市场,尤其是在基础设施建设和国际工程承包领域,应进一步提升中国在国际经济舞台上的地位和影响力。为实现这一目标,政府和相关部门需要创新现有政策,建立更加灵活、高效的管理体制,适应不断变化的国际投资环境,加强与共建"一带一路"国家和地区在多领域的深度合作。

首先,中国应加强与共建"一带一路"国家和地区在交通基础设施方面的合作,通过建设和完善道路、铁路、港口等关键基础设施,促进区域内互联互通。这不仅能推动国内工程设备和材料的出口,带动相关行业的发展,还能增强与共建"一带一路"国家和地区的经济联系,促进双边和多边贸易往来,从而实现经济共同繁荣。其次,深化金融领域的合作是"一带一路"倡议成功的关键之一。中国需要建立一个以亚洲为核心、服务共建"一带一路"国家和地区、辐射全球的金融合作机制,为企业提供稳定的资金支持,降低跨境投资的金融风险。依托这样的金融平台,中国企业可以更加便利地获取资金支持,更加积极地参与国际工程项目,加速全球化布局。此外,中国应大力推动国际产能合作,特别是与共建国家和地区进行优势互补,淘汰国内低效的落后产能,转移部分产能到发展中国家,帮助这些国家发展本土工业。最后,中国应积极推动新兴产业的发展,鼓励科技创新和产业升级,提升国内产业的整体竞争力。中国与共建"一带一路"国家和地区之间的合作不仅有助于优化国内经济结构,增加高附加值产品和服务的国际市场份额，实现高质量的经济增长；还能为共建"一带一路"国家和地区的经济现代化贡献力量。为此，政府应提供更多的政策支持，帮助企业克服在海外市场遇到的各种挑战和障碍。

总体来说，通过积极的政策引导和制度创新，中国可以在"一带一路"倡议的框架下，深化与共建"一带一路"国家和地区的经济合作，促进共同发展，实现互利共赢。这不仅将助力中国外贸结构的转型升级，还将为全球经济的稳定和可持续发展作出重要贡献。

9.3 未来研究展望

本书通过探讨对外承包工程的投资区位分布，以及对外承包工程对进出口贸易规模、工业企业出口扩张、出口商品结构的影响，得到了丰富且非常有意义的结论，但是由于数据的限制以及笔者的水平有限，本书仍存在一些不足，未来需要深入研究。例如，对外承包工程彰显了一个国家的"硬实力"，随着国际文化交流的深入，一国的文化影响力也深刻影响着对外经贸的发展。因此，未来可以将"文化软实力"加入研究模型，分析在"文化软实力"的影响下，对外承包工程对国际贸易的影响。

参考文献

［1］ Agosin M R, Mayer R. Foreign investment in developing countries, does it crowd in domestic investment? ［R］. United Nations Conference on Trade and Development, UNCTAD Discussion Papers, No. 146, 2000.

［2］ Amiti M, Wakelin K. Investment liberalization and international trade ［J］. Journal of International Economics, 2003, 61 (1): 101-126.

［3］ Amiti M. Location of vertically linked industries: Agglomeration versus comparative advantage ［J］. European Economic Review, 2005, 49 (4): 809-832.

［4］ Amurgo-Pacheco A. Patterns of export diversification in developing countries ［M］. Copenhagen: World Bank Publications, 2008.

［5］ Anderson J E, Van Wincoop E. Trade costs ［J］. Journal of Economic Literature, 2004, 42 (3): 691-751.

［6］ Arellano M, Bond S. Some tests of specification for panel data: Monte carlo evidence and an application to employment equations ［J］. The Review of Economic Studies, 1991, 58 (2): 277-297.

［7］ Arellano M, Bover O. Another look at the instrumental variable estimation of error-components models ［J］. Journal of Econometrics, 1995, 68 (1): 29-51.

［8］ Baier S L, Bergstrand J H. The growth of world trade: Tariffs, transport costs, and income similarity ［J］. Journal of International Economics, 2001, 53 (1): 1-27.

［9］ Baldwin E R, Braconier H, Forslid R. Multinationals, endogenous growth, and technological spillovers: Theory and evidence [J]. Review of International Economics, 2005, 13 (5): 945-963.

[10] Barge-Gil A, López A. R versus D: Estimating the differentiated effect of research and development on innovation results [J]. Industrial and Corporate Change, 2015, 24 (1): 93-129.

[11] Baxter M, Kouparitsas M A. Trade structure, industrial structure, and international business cycles [J]. American Economic Review, 2003, 93 (2): 51-56.

[12] Bayoumi T, Lipworth G. Japanese foreign direct investment and regional trade [J]. Journal of Asian Economics, 1998, 9 (4): 581-607.

[13] Behrens K, Lamorgese A R, Ottaviano G I P, et al. Changes in transport and non-transport costs: Local vs global impacts in a spatial network [J]. Regional Science and Urban Economics, 2007, 37 (6): 625-648.

[14] Belderbos R. Entry mode, organizational learning, and R&D in foreign affiliates: Evidence from Japanese firms [J]. Strategic Management Journal. 2003, 24 (3): 235-259.

[15] Bevan A A, Fennema J. Finance, restructuring and performance in privatised Russian enterprises [J]. Comparative Economic Studies, 2003, 45 (2): 117-147.

[16] Bevan A, Estrin S, Meyer K. Foreign investment location and institutional development in transition economies [J]. International Business Review, 2004, 13 (1): 43-64.

[17] Blomström M, Kokko A. Multinational corporations and spillovers [J]. Journal of Economic Surveys, 1998, 12 (3): 247-277.

[18] Blonigen B A. In search of substitution between foreign production and exports [J]. Journal of International Economics, 2001, 53 (1): 81-104.

[19] Blundell R, Bond S. Initial conditions and moment restrictions in dynamic panel data models [J]. Journal of Econometrics, 1998, 87 (1): 115-143.

[20] Bouet A, Decreux Y, Fontagne L, Jean S, et al. Assessing applied

protection across the world [J]. Review of International Economics. 2008, 16 (5): 850-863.

[21] Bougheas S, Demetriades P O, Morgenroth E L W. Infrastructure, transport costs and trade [J]. Journal of International Economics, 1999, 47 (1): 169-189.

[22] Branstetter L G. Are knowledge spillovers international or intranational in scope?: Micro econometric evidence from the U. S. and Japan [J]. Journal of International Economics, 2001, 53 (1): 53-79.

[23] Broadman H G, Sun X. The distribution of foreign direct investment in China [M]. Copenhagen: World Bank Publications, 1997.

[24] Buckley P J, Clegg L J, Cross A R et al. The determinants of Chinese outward foreign direct investment [J]. Journal of International Business Studies, 2007, 38 (4): 499-518.

[25] Buckley P, Casson M. The future of the multinational enterprise [M]. London: Macmillan, 1976.

[26] Busse M, Hefeker C. Political risk, institutions and foreign direct investment [J]. European Journal of Political Economy, 2007, 23 (2): 397-415.

[27] Calì M, Te Velde D W. Does aid for trade really improve trade performance? [J]. World Development, 2011, 39 (5): 725-740.

[28] Cheung Y-W, Qian X W . Empirics of China's outward direct investment [J]. Pacific Economic Review, 2009, 14 (3): 312-341.

[29] Clausing K A. Does multinational activity displace trade? [J]. Economic Inquiry, 2000, 38 (2): 190-205.

[30] Coe D T, Helpman E. International R&D spillovers [J]. European Economic Review, 1995, 39 (5): 859-887.

[31] Cushman D O. Real exchange rate risk, expectations, and the level of direct investment [J]. The Review of Economics and Statistics, 1985, 67 (2): 297-308.

[32] Deardorff A V. Local comparative advantage: Trade costs and the pat-

tern of trade [J]. International Journal of Economic Theory, 2014, 10 (1): 9-35.

[33] Disdier A C, Head K. The puzzling persistence of the distance effect on bilateral trade [J]. The Review of Economics and Statistics, 2008, 90 (1): 37-48.

[34] Djankov S, Freund C, Pham C S. Trading on time [J]. The Review of Economics and Statistics, 2010, 92 (1): 166-173.

[35] Driffield N. Multinational firms and the theory of international trade [J]. The Economic Journal, 2004, 114 (493): F163-F164.

[36] Dunning J H. Location and the multinational enterprise: A neglected factor? [J] Journal of International Business Studies, 1998, 29 (1): 45-66.

[37] Dunning J H. Toward an eclectic theory of international production: Some Empirical Tests [J]. Journal of International Business Studies, 1980, 11 (1): 9-31.

[38] Dunning J H. Trade, Location of economic activity and the MNE: A search for an eclectic approach [M] //Ohlin B, Hesselborn P-O, Wijkman P M. The International Allocation of Economic Activity. London: Macmillan, 1977.

[39] Dutt P, Mihov I, Van Zandt T. The effect of WTO on the extensive and the intensive margins of trade [J]. Journal of International Economics, 2013, 91 (2): 204-219.

[40] Eaton J, Kortum S. Engines of growth: Domestic and foreign sources of innovation [J]. Japan and the World Economy, 1997, 9 (2): 235-259.

[41] Eckaus R S. China's exports, subsidies to state-owned enterprises and the WTO [J]. China Economic Review, 2006, 17 (1): 1-13.

[42] Erdal F, Tatoglu E. Location determinants of foreign direct investment in an emerging market economy: Evidence from Turkey [J]. Multinational Business Review, 2002, 10 (1): 21-27.

[43] Fan H, Lai E L C, Li Y A. Credit constraints, productivity, and export prices: Theory and evidence from China [R]. Hong Kong University of Science and Technology Working Paper, 2012.

[44] Feinberg S E, Majumdar S K. Technology spillovers from foreign direct investment in the Indian pharmaceutical industry. [J]. Journal of International Business Studies, 2001, 32: 421-437.

[45] Fink C, Mattoo A, Neagu I C. Assessing the impact of communication costs on international trade [J]. Journal of International Economics, 2005, 67 (2): 428-445.

[46] Fosfuri A, Motta M, Rønde T. Foreign direct investment and spillovers through workers' mobility [J]. Journal of International Economics, 2001, 53 (1): 205-222.

[47] Freund C L, Weinhold D. The effect of the internet on international trade [J]. Journal of International Economics, 2004, 62 (1): 171-189.

[48] Fung K C, Garcia-Herrero A, Iizaka H, Siu A. Hard or soft? Institutional reforms and infrastructure spending as determinants of foreign direct investment in China [J]. The Japanese Economic Review, 2005, 56 (4): 408-416.

[49] Fung K C, Hitomi I, Sarah T. Host country infrastructure and foreign direct investment [J]. Journal of International Economics, 2006, 70 (2): 443-456.

[50] Gamboa E C, Brouthers L E. How international is entrepreneurship? [J]. Entrepreneurship Theory and Practice, 2008, 32 (3): 551-558.

[51] García-Herrero A, Xu J W. China's belt and road initiative: Can Europe expect trade gains? [R]. Bruegel Working Paper, 2016.

[52] Girma S, Greenaway D, Wakelin K. Who benefits from foreign direct investment in the UK? [J]. Scottish Journal of Political Economy, 2001, 48 (2): 119-133.

[53] Girma S. Technology transfer from acquisition FDI and the absorptive capacity of domestic firms: An empirical investigation [J]. Open Economies Review, 2005, 16 (2): 175-187.

[54] Girma S, Kneller R, Pisu M. Exports versus FDI: An empirical test [J]. Review of World Economics, 2005, 141 (2): 193-218.

［55］ Girma S, Yu Z H. The link between immigration and trade: Evidence from the United Kingdom ［J］. Review of World Economics, 2002, 138 （3）: 115-130.

［56］ Globerman S, Kokko A, Sjoholm F. International technology diffusion: Evidence from Swedish patent data ［J］. Kyklos, 2000, 53 （1）: 17-38.

［57］ Gorg H, Strobl E. Multinational companies and productivity spillovers: A meta-analysis ［J］. The Economic Journal, 2001, 111 （475）: 723-739.

［58］ Gould D M. Immigrant links to the home country: Empirical implications for U. S. bilateral trade flows ［J］. The Review of Economics and Statistics, 1994, 76 （2）: 302-316.

［59］ Gray H P. International trade and foreign direct investment: The interface ［M］ // Dunning J H. Globalization, trade and foreign direct investment, Oxford: Elsevier, 1998.

［60］ Green R T, Cunningham W H. The determinants of U. S. foreign investment: An empirical examination ［J］. Management International Review, 1975, 15 （2/3）: 113-120.

［61］ Grosse R, Trevino L J. Foreign direct investment in the United States: An analysis by country of origin ［J］. Journal of International Business Studies, 1996, 27 （4）: 139-155.

［62］ Grossman G M, Helpman E. Trade, knowledge spillovers, and growth ［J］. European Economic Review, 1991, 35 （2/3）: 517-526.

［63］ Gruber T R. The role of common ontology in achieving sharable, reusable knowledge bases ［C］. Proceedings of the Second International Conference on Principles of Knowledge Representation and Reasoning, 1991.

［64］ Habib M, Zurawicki L. Corruption and foreign direct investment ［J］. Journal of International Business Studies, 2002, 33 （2）: 291-307.

［65］ Harms P, Ursprung H W. Do civil and political repression really boost foreign direct investments? ［J］. Economic Inquiry, 2002, 40 （4）: 651-663.

［66］ Harris R G. Trade and communication costs ［J］. Canadian Economics

Association, 1995, 28 (S1): 46-75.

[67] Harzing A-W. Acquisitions versus greenfield investments: International strategy and management of entry modes [J]. Strategic Management Journal, 2002, 23 (3): 211-227.

[68] Head K, Ries J. Heterogeneity and the FDI versus exports decision of Japanese manufacturers [J]. Journal of the Japanese and International Economies, 2003, 17 (4): 448-467.

[69] Head K, Ries J. Offshore production and skill upgrading by Japanese manufacturing firms [J]. Journal of International Economics, 2002, 58 (1): 81-105.

[70] Head K, Ries J. Overseas investment and firm exports [J]. Review of International Economics, 2001, 9 (1): 108-122.

[71] Hejazi W, Safarian A E. NAFTA effects and the level of development [J]. Journal of Business Research, 2005, 58 (12): 1741-1749.

[72] Helpman E, Melitz M J, Yeaple S R. Export versus FDI with heterogenous Firms. [J]. American Economic Review, 2004, 94 (1): 300-316.

[73] Helpman E. A simple theory of interactional trade with multinational corporations [J]. Journal of Political Economy, 1984, 92 (3): 451-471.

[74] Hennart J-F, Park Y-R. Location, governance, and strategic determinants of Japanese manufacturing investment in the United States [J]. Strategic Management Journal, 1994, 15 (6): 419-436.

[75] Holtz-Eakin D, Schwartz A E. Infrastructure in a structural model of economic growth [J]. Regional Science and Urban Economics, 1995, 25 (2): 131-151.

[76] Hong E, Sun L X. Dynamics of internationalization and outward investment: Chinese Corporations' Strategies [J]. The China Quarterly, 2006, 187: 610-634.

[77] Horstmann I J, Markusen J R. Endogenous market structures in interactional trade [J]. Journal of International Economies, 1992, 32 (1/2): 109-129.

［78］ Hummels D L, Schaur G. Time as a trade barrier ［J］. American Economic Review, 2013, 103 (7): 2935-2959.

［79］ Hummels D. Toward a geography of trade costs ［R］. GTAP Working Papers, 1999.

［80］ Ishida K. Japan's foreign direct investment in East Asia: Its influence on recipient countries and Japan's trade structure ［C］. Reserve Bank of Australia, International Integration of the Australian Economy, 1994.

［81］ Jacks D S, Meissner C M, Novy D. Trade booms, trade busts, and trade costs ［J］. Journal of International Economics, 2011, 83 (2): 185-201.

［82］ Jensen N M. Democratic governance and multinational corporations: political regimes and inflows of foreign direct investment ［J］. International Organization, 2003, 57 (3): 587-616.

［83］ Jeon Y, Park B I, Ghauri P N. Foreign direct investment spillover effects in China: Are they different across industries with different technological levels? ［J］. China Economic Review, 2013, 26: 105-117.

［84］ Kinoshita Y. R&D and technology spillovers via FDI: Innovation and absorptive capacity ［R］. CERGE-EI Working Paper, No. 349, 2000.

［85］ Kleinert J, Farid T. Production versus distribution – oriented FDI ［J］. Review of World Economics, 2013, 149 (3): 423-442.

［86］ Kogut B, Chang S J. Technological capabilities and Japanese foreign direct investment in the United States ［J］. The Review of Economics and Statistics, 1991, 73 (3): 401-413.

［87］ Kogut B, Singh H. The effect of national culture on the choice of entry mode ［J］. Journal of International Business Studies, 1988, 19 (3): 411-432.

［88］ Kojima K. Direct foreign investment to developing countries: The issue of over – presence ［J］. Hitotsubashi Journal of Economics, 1978, 19 (1/2): 1-15.

［89］ Kolstad I, Wiig A. Testing the pearl hypothesis: Natural resources and trust ［J］. Resources Policy, 2012, 37 (3): 358-367.

［90］ Lall S. The technological structure and performance of developing country manufactured exports, 1985-98 [J]. Oxford Development Studies, 2000, 28 (3): 337-369.

[91] Li J T, Guisinger S. The globalization of service multinationals in the 'triad' regions: Japan, Western Europe and North America [J]. Journal of International Business Studies, 1992, 23 (4): 675-696.

[92] Li J. The revival of private enterprise in China [J]. Journal of Small Business and Enterprise Development, 2008, 15 (4): 290.

[93] Lim S-H, Moon H-C. Effects of outward foreign direct investment on home country exports: The case of Korean firms [J]. Multinational Business Review, 2001, 9 (1): 42-49.

[94] Limão N, Venables A J. Infrastructure, geographical disadvantage, transport costs, and trade [J]. The World Bank Economic Review, 2001, 15 (3): 451-479.

[95] Lipsey R E, Ramstetter E D, Blomstrom M. Outward FDI and parent exports and employment: Japan, the United States, and Sweden [R]. National Bureau of Economic Research Working Paper, No. 7623, 2000.

[96] Lipsey R E, Weiss M Y. Foreign production and exports in manufacturing industries [J]. The Review of Economics and Statistics, 1981, 63 (4): 488-494.

[97] London T, Hart S L. Reinventing strategies for emerging markets: Beyond the transnational model [J]. Journal of International Business Studies, 2004, 35 (5): 350-370.

[98] Loree D W, Guisinger S E. Policy and non-policy determinants of U. S. equity foreign direct investment [J]. Journal of International Business Studies, 1995, 26 (2): 281-299.

[99] López-Pueyo C, Sanaú J, Barcenilla S. International technological spillovers from ICT-producing manufacturing industries: A panel data analysis [J]. International Review of Applied Economics, 2009, 23 (2): 215-231.

[100] Markusen J R. The boundaries of multinational enterprises and the theory of international trade [J]. Journal of Economic Perspectives, 1995, 9

（2）：169-189.

[101] Mathews J A. Dragon multinationals: New players in 21st century globalization [J]. Asia Pacific Journal of Management, 2006, 23 (1): 5-27.

[102] Matthias H, Mann C L, Wilson J S. Aid - for - trade facilitation [J]. Review of World Economics, 2012, 148 (2): 357-376.

[103] McCawley P. Aid versus trade: Some considerations [J]. Australian Economic Review, 2006, 39 (1): 89-95.

[104] Melitz M J. The impact of trade on intra-industry reallocations and aggregate industry productivity [J]. Econometrica, 2003, 71 (6): 1695-1725.

[105] Mina W. The location determinants of FDI in the GCC countries [J]. Journal of Multinational Financial Management, 2007, 17 (4): 336-348.

[106] Morck R, Yeung B, Zhao M Y. Perspectives on China's outward foreign direct investment [J]. Journal of International Business Studies, 2008, 39: 337-350.

[107] Motta M, Fabrizio O. Trade policy and competition policy [J]. Giornale degli Economisti e Annali di Economia, 1997, 56 (1/2): 67-97.

[108] Mucchielli J - L, Stéphane C, Ismail S. Investissements directs à l'Étranger des multinationales françaises et relations commerciales avec leurs filiales: Une analyse sur données individuelles d' Entreprises [J]. Revue Économique, 2000, 51: 747-760.

[109] Mundell R A. International Trade and Factor Mobility [J]. The American Economic Review, 1957, 47 (3): 321-335.

[110] Munemo J. Foreign aid and export diversification in developing countries [J]. The Journal of International, 2011, 20 (3): 339-355.

[111] Murat M, Pistoresi B. Migrant networks: Empirical implications for the Italian bilateral trade [J]. International Economic Journal, 2009, 23 (3): 371-390.

[112] Newman C, Rand J, Talbot T, et al. Technology transfers, foreign investment and productivity spillovers [J]. European Economic Review, 2015, 76: 168-187.

［113］Nowak-Lehmann F, Martínez-Zarzoso I, Herzer D, et al. Does foreign aid promote recipient exports to donor countries? ［J］. Review of World Economics, 2013, 149 (3): 505-535.

［114］Oliner S D, Sichel D E. Information technology and productivity: Where are we now and where are we going? ［J］. Economic Review, 2002, 87 (3): 15-44.

［115］Olsen B, Elango B. Do multinational operations influence firm value? Evidence from the triad regions ［J］. International Journal of Business and Economics, 2005, 4 (1): 11-29.

［116］Paravisini D, Rappoport V, Schnabl P, et al. Dissecting the effect of credit supply on trade: Evidence from matched credit - export data ［J］. Review of Economic Studies, 2014, 1: 1-51.

［117］Peng M W. Institutional transitions and strategic choices ［J］. Academy of Management Review, 2003, 28 (3): 275-296.

［118］Pettersson J, Johansson L. Aid, aid for trade, and bilateral trade: An empirical study ［J］. The Journal of International Trade and Economic Development, 2013, 22 (6): 866-894.

［119］Posner M V. International trade and technical change ［J］. Oxford Economic Papers, 1961, 13 (3): 323-341.

［120］Pradhan J P, Singh N. Outward FDI and knowledge flows: A study of the Indian automotive sector ［J］. Institutions and Economies, 2009, 1 (1): 156-187.

［121］Qiu L D, Export, FDI and cross - border strategic alliances ［C］. Presented at the Second Asia Pacific Trade Seminars, Kobe, 2006.

［122］Ramasamy B, Yeung M, Laforet S. China's outward foreign direct investment: Location choice and firm ownership ［J］. Journal of World Business, 2012, 47 (1): 17-25.

［123］Rivera-Batiz L A, Romer P M. International trade with endogenous technological change ［J］. European Economic Review, 1991, 35 (4): 971-1001.

［124］ Rodríguez-Clare A. Multinationals, linkages, and economic development ［J］. American Economic Review, 1996, 86 (4): 852-873.

［125］ Samuelson P A. The transfer problem and transport costs, II: Analysis of effects of trade impediments ［J］. The Economic Journal, 1954, 64 (254): 264-289.

［126］ Santos-Paulino A, Thirlwall A P. The impact of trade liberalisation on exports, imports and the balance of payments of developing countries ［J］. The Economic Journal, 2004, 114 (493): F50-F72.

［127］ Schneider F, Frey B S. Economic and political determinants of foreign direct investment ［J］. World Development, 1985, 13 (2): 161-175.

［128］ Svensson R. Effects of overseas production on home country exports: Evidence based on Swedish multinationals ［J］. Weltwirtschaftliches Archiv, 1996, 132 (2): 304-329.

［129］ Vahter P, Masso J. Home versus host country effects of FDI: Searching for new evidence of productivity spillovers ［R］. William Davidson Institute Working Paper Number 820, 2006.

［130］ Wagner D, Head K, Ries J C. Immigration and the trade of provinces ［J］. Scottish Journal of Political Economy, 2002, 49 (5): 507-525.

［131］ Wesson T. A Model of asset-seeking foreign direct investment driven by demand conditions ［J］. Canadian Journal of Administrative Sciences, 2009, 16 (1): 1-10.

［132］ Wilson C M. Information matters: A theoretical comparison of some cross-border trade barriers ［J］. Information Economics and Policy, 2016, 37: 52-60.

［133］ Wooldridge J M. Econometric analysis of cross section and panel data ［M］. Cambridge: MIT Press, 2002.

［134］ Xu B, Lu J Y. Foreign direct investment, processing trade, and the sophistication of China's exports ［J］. China Economic Review, 2009, 20 (3): 425-439.

［135］ Xu B, Wang J M. Trade, FDI, and international technology diffusion [J]. Journal of Economic Integration, 2000, 15 (4): 585-601.

[136] Yeaple S R. A simple model of firm heterogeneity, international trade, and wages [J]. Journal of International Economics, 2005, 65 (1): 1-20.

[137] Yilmaz B. The role of trade strategies for economic development [J]. Russian and East European Finance and Trade, 2002, 38 (2): 59-78.

[138] 白洁. 对外直接投资的逆向技术溢出效应: 对中国全要素生产率影响的经验检验 [J]. 世界经济研究, 2009 (8): 65-69, 89.

[139] 白玫, 刘新宇. 中国对外直接投资对产业结构调整影响研究 [J]. 国际贸易, 2014 (2): 38-43.

[140] 蔡阔, 邵燕敏, 何菊香, 等. 对外承包工程对中国对外直接投资的影响: 基于分国别面板数据的实证研究 [J]. 管理评论, 2013 (9): 21-28.

[141] 柴庆春, 胡添雨. 中国对外直接投资的贸易效应研究: 基于对东盟和欧盟投资的差异性的考察 [J]. 世界经济研究, 2012 (6): 64-69, 89.

[142] 陈传兴, 杨雅婷. 中国对外直接投资的贸易效应分析 [J]. 国际经济合作, 2009 (10): 52-55.

[143] 陈宏, 郑琳凡, 王春艳. 服务进口贸易的产业结构优化研究 [J]. 经济问题索, 2014 (12): 123-128.

[144] 陈俊聪, 黄繁华. 对外直接投资与出口技术复杂度 [J]. 世界经济研究, 2013 (11): 74-79, 89.

[145] 陈俊聪, 黄繁华. 对外直接投资与贸易结构优化 [J]. 国际贸易问题, 2014 (3): 113-122.

[146] 陈立敏, 杨振, 侯再平. 出口带动还是出口代替? ——中国企业对外直接投资的边际产业战略检验 [J]. 财贸经济, 2010 (2): 78-85.

[147] 陈松, 刘海云. 东道国治理水平对中国对外直接投资区位选择的影响: 基于面板数据模型的实证研究 [J]. 经济与管理研究, 2012 (6): 71-78.

[148] 陈岩, 马利灵, 钟昌标. 中国对非洲投资决定因素: 整合资源与制度视角的经验分析 [J]. 世界经济, 2012 (10): 91-112.

［149］陈愉瑜.中国对外直接投资的贸易结构效应［J］.统计研究，2012（9）：44-50.

［150］程惠芳，阮翔.用引力模型分析中国对外直接投资的区位选择［J］.世界经济，2004（11）：23-30.

［151］邓明.制度距离、"示范效应"与中国OFDI的区位分布［J］.国际贸易问题，2012（2）：123-135.

［152］刁春和.国际承包工程市场的新动向［J］.施工企业管理，2009（10）：48-49.

［153］樊瑛.新新贸易理论及其进展［J］.国际经贸探索，2007（12）：4-8.

［154］范建双，虞晓芬，赵磊.中国国有、私营和外资工业企业地区间效率差异研究［J］.数量经济技术经济研究，2015（6）：21-38.

［155］付海燕.对外直接投资逆向技术溢出效应研究：基于发展中国家和地区的实证检验［J］.世界经济研究，2014（9）：56-61，67，88-89.

［156］龚艳萍，周维.我国出口贸易结构与外国直接投资的相关分析［J］.国际贸易问题，2005（9）：5-9.

［157］谷任，吴海斌.汇率变动、市场份额与中国纺织品服装出口竞争力［J］.世界经济，2007（3）：41-48.

［158］谷任，吴海斌.汇率变动对我国纺织品出口国际竞争力的影响［J］.国际贸易问题，2006（8）：29-34.

［159］郭洪伟.对外直接投资出口效应国际比较［J］.合作经济与科技，2009（5）：98-99.

［160］郭娟.技术寻求型ODI对国内产业结构影响的实证研究［J］.求索，2013（3）：29-31.

［161］何宪开.对外承包工程经济效益分析［J］.国际经济合作，1988（8）：26-28.

［162］何兴强，王利霞.中国FDI区位分布的空间效应研究［J］.经济研究，2008（11）：137-150.

［163］贺书锋，郭羽诞.中国对外直接投资区位分析：政治因素重要吗？［J］.上海经济研究，2009（3）：3-10.

[164] 胡兵，乔晶.中国对外直接投资的贸易效应：基于动态面板模型系统 GMM 方法 [J].经济管理，2013（4）：11-19.

[165] 胡方，连东伟，徐芸.外国直接投资对中国出口贸易结构的影响 [J].国际商务（对外经济贸易大学学报），2013（1）：19-27.

[166] 黄玖立，徐旻鸿.境内运输成本与中国的地区出口模式 [J].世界经济，2012（1）：58-77.

[167] 江沿，孙雅玲，黄锦明.国际经济合作 [M].北京：清华大学出版社，2012.

[168] 蒋冠宏，蒋殿春.中国对发展中国家的投资：东道国制度重要吗？[J].管理世界，2012（11）：45-56.

[169] 蒋冠宏，蒋殿春.中国企业对外直接投资的"出口效应"[J].经济研究，2014（5）：160-173.

[170] 揭水晶，吉生保，温晓慧.OFDI 逆向技术溢出与我国技术进步：研究动态及展望 [J].国际贸易问题，2013（8）：161-169.

[171] 金永梅.影响我国对外工程承包因素的实证分析 [J].皖西学院学报，2016（3）：68-72.

[172] 阚大学.我国对外直接投资的贸易效应实证研究 [J].河南科技大学学报（社会科学版），2009（3）：79-81.

[173] 李光辉."后危机时代"的中国工程承包业 [J].国际经济合作，2011（12）：42-45.

[174] 李梅，柳士昌.对外直接投资逆向技术溢出的地区差异和门槛效应：基于中国省际面板数据的门槛回归分析 [J].管理世界，2012（1）：21-32，66.

[175] 李夏玲，王志华.对外直接投资的母国贸易结构效应：基于我国省际面板数据分析 [J].经济问题探索，2015（4）：138-144.

[176] 李新春.直接投资的文化因素分析——上海与广东的比较 [J].中山大学学报（社会科学版），1999（5）：106-114.

[177] 李媛.中国对外直接投资对出口贸易的促进 [J].中共太原市委党校学报，2009（6）：50-52.

[178] 李志远，余淼杰.生产率、信贷约束与企业出口：基于中国企业

层面的分析［J］.经济研究，2013，48（6）：85-99.

［179］梁志成.论国际贸易与国际直接投资的新型关系——对芒德尔贸易与投资替代模型的重新思考［J］.经济评论，2001（2）：113-116.

［180］林毅夫，蔡昉，李周.比较优势与发展战略——对"东亚奇迹"的再解释［J］.中国社会科学，1999（5）：4-20，204.

［181］刘斌，王杰.地方官员腐败与企业出口模式——基于中国事实的经验研究［J］.经济学报，2016（4）：62-84.

［182］刘恩专.外商直接投资的出口贸易效应分析［J］.当代经济科学，1999（2）：62-67.

［183］刘凤根.FDI投资区位的决定因素的实证研究：来自中国对外直接投资的经验数据［J］.科学决策，2009（7）：1-7，39.

［184］刘生龙，胡鞍钢.交通基础设施与中国区域经济一体化［J］.经济研究，2011（3）：72-82.

［185］刘新宇，辛静静.中国OFDI对产业结构调整影响的实证研究——基于1991-2013年数据的VAR模型分析［J］.投资研究，2014，33（11）：98-110.

［186］刘新宇.中国对外直接投资对出口商品结构的影响研究［D］.北京：首都经济贸易大学，2016.

［187］刘志彪.国际贸易和直接投资：基于产业经济学的分析［J］.南京大学学报（哲学·人文科学·社会科学版），2002（3）：43-54.

［188］卢进勇."走出去"战略与中国跨国公司崛起——迈向经济强国的必由之路［M］.北京：首都经济贸易大学出版社，2012.

［189］卢孔标.投资国特征对FDI流量的影响——基于对华FDI数据的引力模型研究［J］.温州大学学报，2005（1）：36-41.

［190］鲁明泓.外国直接投资区域分布与中国投资环境评估［J］.经济研究，1997（12）：38-45.

［191］陆利平，邱穆青.商业信用与中国工业企业出口扩张［J］.世界经济，2016（6）：149-167.

［192］罗小芳，卢现祥.论创新与制度的适应性效率［J］.宏观经济研究，2016（10）：13-22.

[193] 罗晓斐.中国对"丝绸之路经济带"国家工程承包的区位因素分析——基于引力模型的经验考察 [J].国际商务（对外经济贸易大学学报），2016（4）：60-71.

[194] 毛其淋，许家云.中国对外直接投资促进抑或抑制了企业出口？[J].数量经济技术经济研究，2014（9）：3-21.

[195] 蒙英华，李艳丽.移民网络对中国企业文化产品出口效应评估 [J].国际贸易问题，2015（5）：62-70.

[196] 莫莎，李玲.对外直接投资对出口技术复杂度的影响研究 [J].贵州财经大学学报，2015（2）：63-73.

[197] 潘向东，廖进中，赖明勇.经济制度安排、国际贸易与经济增长影响机理的经验研究 [J].经济研究，2005（11）：57-67，124.

[198] 潘镇，鲁明泓.在华外商直接投资进入模式选择的文化解释 [J].世界经济，2006（2）：51-61.

[199] 齐俊妍，王永进，施炳展，等.金融发展与出口技术复杂度 [J].世界经济，2011（7）：91-118.

[200] 祁毓，王学超.东道国劳工标准会影响中国对外直接投资吗？[J].财贸经济，2012（4）：98-105.

[201] 钱学锋，熊平.中国出口增长的二元边际及其因素决定 [J].经济研究，2010（1）：65-79.

[202] 钱学锋.企业异质性、贸易成本与中国出口增长的二元边际 [J].管理世界，2008（9）：48-56，66，187.

[203] 邱立成.论国际直接投资与国际贸易之间的联系 [J].南开经济研究，1999（6）：33-40.

[204] 邵祥林.入世后"走出去"战略与工程承包的跨国经营 [J].世界贸易组织动态与研究，2003（11）：9-14.

[205] 盛丹，包群，王永进.基础设施对中国企业出口行为的影响："集约边际"还是"扩展边际" [J].世界经济，2011（1）：17-36.

[206] 施炳展，冼国明，逯建.地理距离通过何种途径减少了贸易流量 [J].世界经济，2012（7）：22-41.

[207] 史小龙，张峰.外商直接投资对我国进出口贸易影响的协整分析

[J].世界经济研究，2004（4）：42-47.

[208] 隋月红，赵振华.出口贸易结构的形成机理：基于我国1980-2005年的经验研究 [J].国际贸易问题，2008（3）：9-17.

[209] 隋月红，赵振华.我国OFDI对贸易结构影响的机理与实证：兼论我国OFDI动机的拓展 [J].财贸经济，2012（4）：81-89.

[210] 孙利国，杨秋波，任远.中国工程建设标准"走出去"发展战略[J].国际经济合作，2011（8）：56-59.

[211] 孙焱林.中国民间投资需求波动的实证研究 [J].统计与决策，2004（8）：57-58，61.

[212] 汤柳."一带一路"金融合作发展报告 [M] //李永全."一带一路"建设发展报告（2016）.北京：社会科学文献出版社，2016.

[213] 唐宜红，林发勤.距离对中国双边直接投资的影响及其动态变化[J].数量经济技术经济研究，2009（4）：70-79.

[214] 田素华，杨烨超.FDI进入中国区位变动的决定因素：基于D-G模型的经验研究 [J].世界经济，2012（11）：59-87.

[215] 汪素芹，姜枫.对外直接投资对母国出口贸易的影响——基于日本、美国对华投资的实证分析 [J].世界经济研究，2008（5）：78-81，86，89.

[216] 王海军，宋宝琳.市场寻求抑或资源寻求？——来自中国OFDI的动因研究 [J].财经论丛，2013（4）：16-21.

[217] 王建，张宏.东道国政府治理与中国对外直接投资关系研究：基于东道国面板数据的实证分析 [J].亚太经济，2011（1）：127-132.

[218] 王恕立，向姣姣.对外直接投资逆向技术溢出与全要素生产率：基于不同投资动机的经验分析 [J].国际贸易问题，2014（9）：109-119.

[219] 王文治，扈涛.中国对外承包工程投资区位的决定因素：基于"亚非拉"国家的经验研究 [J].世界经济研究，2014（7）：67-73，89.

[220] 王新.外商直接投资对中国经济增长的贡献 [J].外国经济与管理，1999（3）：3-6，23.

[221] 王英，刘思峰.中国对外直接投资的出口效应：一个实证分析[J].世界经济与政治论坛，2007（1）：36-42.

［222］王迎新.论海外直接投资与贸易的关系［J］.财贸经济，2003（1）：80-85.

［223］王永进，盛丹，施炳展，等.基础设施如何提升了出口技术复杂度？［J］.经济研究，2010（7）：103-115.

［224］韦军亮，陈漓高.政治风险对中国对外直接投资的影响：基于动态面板模型的实证研究［J］.经济评论，2009（4）：106-113.

［225］魏浩，李晓庆.中国进口贸易的技术结构及其影响因素研究［J］.世界经济，2015（8）：56-79.

［226］吴朝阳.中国-东盟自贸区基础设施建设进展及对策思考［J］.国际贸易，2011（3）：41-46.

［227］吴凯波.FDI 与我国对外贸易关系的实证研究［J］.云南财经大学学报（社会科学版），2010（4）：93-95.

［228］夏先良."一带一路"贸易合作发展报告［M］//李永全."一带一路"建设发展报告（2016）.北京：社会科学文献出版社，2016.

［229］项本武.对外直接投资的贸易效应研究——基于中国经验的实证分析［J］.中南财经政法大学学报，2006（3）：9-16.

［230］谢孟军，郭艳茹.法律制度质量对中国对外直接投资区位选择影响研究——基于投资动机视角的面板数据实证检验［J］.国际经贸探索，2013（6）：107-118.

［231］谢孟军.目的国制度对中国出口和对外投资区位选择影响研究［D］.济南：山东大学，2014.

［232］谢孟军.文化能否引致出口："一带一路"的经验数据［J］.国际贸易问题，2016（1）：3-13.

［233］邢厚媛.用承包带出口：以承包工程带动机电产品出口颇具潜力［J］.世界机电经贸信息，1999（11）：44-45.

［234］许罗丹，谭卫红.外商直接投资聚集效应在我国的实证分析［J］.管理世界，2003（7）：38-44.

［235］许晓娟，高敏雪.外国直接投资影响下中国货物贸易平衡评估：2006~2010 年［J］.经济管理，2013（8）：11-19.

［236］杨逢珉，周琳姐.中日进出口商品结构研究［J］.华东理工大学

学报（社会科学版），2011（4）：32-42.

[237] 杨海生，聂海峰，徐现祥. 我国 FDI 区位选择中的"第三方效应"：基于空间面板数据的实证研究 [J]. 数量经济技术经济研究，2010（4）：122-136，147.

[238] 杨江，万科，黄新建. 中国企业对非洲直接投资问题研究 [J]. 企业经济，2014（12）：31-34.

[239] 杨连星，刘晓光. 中国 OFDI 逆向技术溢出与出口技术复杂度提升 [J]. 财贸经济，2016（6）：97-112.

[240] 杨忻，刘芳，张国清. 对外承包工程对中国经济的影响及政策研究 [J]. 国际贸易，2005（6）：17-19.

[241] 殷华方，鲁明泓. 中国吸引外商直接投资政策有效性研究 [J]. 管理世界，2004（1）：39-45，117.

[242] 尹东东，张建清. 我国对外直接投资逆向技术溢出效应研究——基于吸收能力视角的实证分析 [J]. 国际贸易问题，2016（1）：109-120.

[243] 尹华，朱绿乐. 企业技术寻求型 FDI 实现机理分析与中国企业的实践 [J]. 中南大学学报（社会科学版），2008（3）：307-311，318.

[244] 余建. "一带一路"背景下的文化交流与展望 [M] // 李永全. "一带一路"建设发展报告（2016）. 北京：社会科学文献出版社，2016.

[245] 余淼杰. 加工贸易与中国企业生产率　企业异质性理论和实证研究 [M]. 北京：北京大学出版社，2013.

[246] 张海波. 对外直接投资对母国出口贸易品技术含量的影响：基于跨国动态面板数据模型的实证研究 [J]. 国际贸易问题，2014（2）：115-123.

[247] 张红美. 我国对外工程承包行业发展存在的问题及对策 [J]. 知识经济，2013（15）：120.

[248] 张纪凤，黄萍. 替代出口还是促进出口：我国对外直接投资对出口的影响研究 [J]. 国际贸易问题，2013（3）：95-103.

[249] 张建红. 投资国特征及其对华投资强度的研究 [J]. 世界经济，2004（1）：16-22.

［250］张莉.高铁+核电+卫星成为"中国制造"新名片［J］.中国对外贸易，2016（1）：66-67.

［251］张天顶.出口、对外直接投资与企业的异质性研究［J］.南方经济，2008（3）：18-27.

［252］张旭华."走出去"能否促进经济增长和贸易创造：基于福建经验的实证研究［J］.学术评论，2012（2）：102-106.

［253］张越.中国对外承包工程对对外直接投资、出口贸易与产能输出的作用研究［D］.大连：东北财经大学，2016.

［254］赵培华.外商直接投资对我国出口商品结构的影响［J］.合作经济与科技，2012（23）：84-86.

［255］赵松.中国对外直接投资与出口关系的实证分析［J］.北方经贸，2009（3）：39-40.

［256］赵伟，古广东，何元庆.外向FDI与中国技术进步：机理分析与尝试性实证［J］.管理世界，2006（7）：53-60.

［257］赵伟，江东.ODI与母国产业升级：先行大国的经历及其启示——多视野的考察与分析［J］.浙江社会科学，2010（6）：2-10，52.

［258］赵永亮.移民网络与贸易创造效应［J］.世界经济研究，2012（5）：57-64，86，88-89.

［259］赵勇，雷达.金融发展、出口边际与"汇率不相关之谜"［J］.世界经济，2013（10）：3-26.

［260］郑宝银，林发勤.世界经济周期对我国出口贸易的影响［J］.国际贸易问题，2009（1）：3-9.

［261］郑展鹏，王洋东.国际技术溢出、人力资本与出口技术复杂度［J］.经济学家，2017（1）：97-104.

［262］周春应.对外直接投资逆向技术溢出效应吸收能力研究［J］.山西财经大学学报，2009（8）：47-53.

［263］周凌霄.东道国文化环境对跨国公司直接投资行为的影响［J］.亚太经济，2006（5）：80-83.

［264］周学仁，张越.产能过剩与对外承包工程的产能输出作用研究［J］.科技促进发展，2015（5）：631-637.

［265］朱丹丹，黄梅波.中国对外援助的贸易成本削减效应研究［J］.世界经济研究，2015（7）：100-107，129.

［266］朱润东，吴柏林.CUSTA 与 NAFTA 的贸易增长效应分析：基于时空数列模型的探讨［J］.数量经济技术经济研究，2010（12）：118-132.

［267］朱彤，崔昊.对外直接投资、逆向研发溢出与母国技术进步：数理模型与实证研究［J］.世界经济研究，2011（12）：71-77，86.

附　录

附表 1　2023 年全球最大 250 家国际承包商中国企业名单

序号	公司名称	2023 年排名	2022 年排名
1	中国交通建设集团有限公司	3	3
2	中国建筑股份有限公司	6	7
3	中国电力建设集团有限公司	8	6
4	中国铁建股份有限公司	9	10
5	中国中铁股份有限公司	13	11
6	中国化学工程集团有限公司	16	20
7	中国能源建设股份有限公司	17	17
8	中国石油集团工程股份有限公司	31	30
9	中国机械工业集团有限公司	33	28
10	中国冶金科工集团有限公司	39	47
11	中国中材国际工程股份有限公司	43	44
12	上海电气集团股份有限公司	62	40
13	山东高速集团有限公司	64	75
14	海洋石油工程股份有限公司	68	—
15	中国江西国际经济技术合作有限公司	71	67
16	江西中煤建设集团有限公司	72	68
17	浙江省建设投资集团股份有限公司	73	69
18	中国东方电气集团有限公司	74	101
19	北方国际合作股份有限公司	75	72

序号	公司名称	2023 年排名	2022 年排名
20	中钢设备有限公司	78	152
21	特变电工股份有限公司	79	109
22	中信建设有限责任公司	84	80
23	北京城建集团有限责任公司	86	98
24	青建集团股份公司	87	87
25	中国电力技术装备有限公司	94	74
26	中国地质工程集团有限公司	97	97
27	中石化炼化工程（集团）股份有限公司	100	90
28	哈尔滨电气国际工程有限责任公司	101	85
29	中国航空技术国际工程有限公司	104	143
30	中石化中原石油工程有限公司	105	106
31	新疆生产建设兵团建设工程（集团）有限责任公司	108	104
32	中国河南国际合作集团有限公司	109	119
33	中地海外集团有限公司	111	123
34	烟建集团有限公司	116	112
35	威海国际经济技术合作股份有限公司	122	—
36	上海建工集团股份有限公司	124	92
37	中国通用技术（集团）控股有限责任公司	125	105
38	中鼎国际工程有限责任公司	126	121
39	上海城建（集团）有限公司	128	139
40	山西建设投资集团有限公司	129	134
41	北京建工集团有限责任公司	131	116
42	江苏省建筑工程集团有限公司	132	107
43	中国核工业建设股份有限公司	134	—
44	江西省水利水电建设集团有限公司	135	131
45	中国江苏国际经济技术合作集团有限公司	143	137
46	中国武夷实业股份有限公司	146	142
47	云南省建设投资控股集团有限公司	149	122
48	龙信建设集团有限公司	150	166
49	中国水利电力对外有限公司	156	128

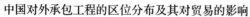
续表

序号	公司名称	2023 年排名	2022 年排名
50	江西省建工集团有限责任公司	157	180
51	西安西电国际工程有限责任公司	158	189
52	湖南建工集团有限公司	162	182
53	湖南路桥建设集团有限责任公司	165	184
54	沈阳远大铝业工程有限公司	167	176
55	中国有色金属建设股份有限公司	168	173
56	山东淄建集团有限公司	169	170
57	陕西建工控股集团有限公司	172	179
58	山东高速德建集团有限公司	173	181
59	四川公路桥梁建设集团有限公司	174	212
60	山东电力工程咨询院有限公司	176	164
61	安徽建工集团股份有限公司	181	172
62	中国甘肃国际经济技术合作有限公司	184	199
63	中国建材国际工程集团有限公司	189	222
64	江苏通州四建集团有限公司	191	—
65	江苏中南建筑产业集团有限责任公司	195	211
66	重庆对外建设（集团）有限公司	197	197
67	南通建工集团股份有限公司	199	198
68	浙江交工集团股份有限公司	200	195
69	正太集团有限公司	202	193
70	中铝国际工程股份有限公司	203	—
71	中国瑞林工程技术股份有限公司	207	—
72	江苏南通二建集团有限公司	211	227
73	中亿丰建设集团股份有限公司	222	238
74	龙建路桥股份有限公司	224	229
75	浙江省东阳第三建筑工程有限公司	227	206
76	江联重工集团股份有限公司	228	237
77	天元建设集团有限公司	229	191
78	中天建设集团有限公司	230	217
79	蚌埠市国际经济技术合作有限公司	237	—

序号	公司名称	2023 年排名	2022 年排名
80	河北建工集团有限责任公司	241	249
81	绿地大基建集团有限公司	246	183

注："—"表示 2022 年度未入围该榜单。

资料来源：2022 年美国《工程新闻记录》。

附表 2　基于 SITC（REV3）按技术含量划分的商品种类

分类名称	SITC（REV3）三位数代码
初级产品 （PM）	001、011、012、016、025、034、036、041、042、043、044、045、054、057、059、061、062、071、072、074、075、081、091、121、211、212、222、223、231、244、245、246、261、263、266、267、268、272、273、274、277、278、291、292、321、322、333、343、351、681、682、683、684、685、686、687
资源性产品 （RB）	017、022、023、024、035、037、046、047、048、056、058、073、098、111、112、122、232、247、248、251、264、269、281、282、283、284、285、286、287、288、289、334、335、342、344、345、411、421、422、431、511、514、515、516、522、523、524、551、661、662、663、664
低技术产品 （LT）	611、612、613、621、625、629、633、634、635、641、642、651、652、653、654、655、656、657、658、659、665、666、667、671、672、673、674、675、676、677、678、679、689、691、692、693、694、695、696、697、699、831、841、842、843、844、845、846、848、851、892、893、894、895、896、897、898、899
中等技术产品 （MT）	512、513、531、532、533、553、554、562、571、572、573、574、575、579、581、582、583、591、592、593、597、598、711、713、714、721、722、723、724、725、726、727、728、731、733、735、737、741、742、743、744、745、746、747、748、749、762、763、772、773、775、781、782、783、784、785、786、791、793、811、812、813、821、872、873、882、883、884、885、891
高技术产品 （HT）	525、541、542、712、716、718、751、752、759、761、764、771、774、776、778、792、871、874、881
其他（Other）	911、931、961、971
工程类产品 （GC）	677、791、711、714、722、724、728、731、733、735、737、741、742、743、744、745、746、747、748、749、772、773、775、781、782、783、784、785、786、793、721、723、718、751、752、778、761、764、771、712、716、759